LA GÉNESIS DEL GÉNERO

ABIGAIL FAVALE

LA GÉNESIS DEL GÉNERO
Una teoría cristiana

EDICIONES RIALP
MADRID

Título original: *The Genesis of Gender: A Christian Theory*

A menos que se indique lo contrario, las citas de las Escrituras en esta traducción están tomadas de la Biblia de Navarra, copyright © 1983 y siguientes. Facultad de Teología. Universidad de Navarra. Ediciones Universidad de Navarra S.A (EUNSA).
Las citas de encíclicas y otros documentos del Vaticano se toman del sitio web del Vaticano.

Se han tomado extractos de la traducción al español del *Catecismo de la Iglesia Católica*, Versión oficial, propiedad de la Santa Sede, 2.ª edición, 1992.

Preimpresión: www.produccioneditorial.com

ISBN (edición impresa): 978-84-321-6678-5
ISBN (edición digital): 978-84-321-6679-2
ISNI: 0000 0001 0725 313X
Depósito legal: M-1478-2024
Impreso en Anzos, S. L., Fuenlabrada (Madrid)

*Para nuestros hijos.
Que conozcan su verdadero valor.*

ÍNDICE

HEREJE

En la primavera de 2015 estaba enseñando un curso sobre teoría de género en una universidad cristiana. Era un curso que había enseñado durante años, pero nunca de la misma manera. La teoría de género siempre se estaba transformando, al igual que mis estudiantes, y yo cambiaba constantemente, tratando de mantenerme al día con la última jerga y tendencias. Esta vez fue diferente. Estaba en medio de dos situaciones dramáticas en mi vida personal: el nacimiento de mi segundo hijo, que ocurrió a mediados del semestre, y una turbulenta conversión al catolicismo, que estaba trastocando todo lo que creía saber. Me encontré dando a luz y naciendo, mi cuerpo dio una vuelta por completo para dar a luz una hija; mi alma dio otra vuelta por completo para hacerle espacio a Cristo. Cada uno de estos nacimientos, como todo nacimiento, fue una paradoja envolvente de belleza y agonía.

Tiendo a realizar mis labores físicas rápidamente. El trabajo espiritual, no tanto. Comencé ese semestre como una conversa a medias: técnicamente católica, pero aún no interiormente. Estaba en un extraño y aturdido punto medio. Cuando me uní a la Iglesia en 2014, asumí que me convertiría en una «católica a la carta», llevando mis preciadas creencias progresistas a la Iglesia y refugiándome bajo el dosel de la conciencia. Entonces sucedió algo terrible. Mi conciencia comenzó a rebelarse. Las creencias progresistas comenzaron a sentirse cada vez menos como pertenencias personales y más como equipaje: pesadas y fuera de lugar.

El mundo que había habitado cómodamente como una académica feminista comenzó a tener menos sentido. Yo era como el infeliz habitante de la caverna de Platón, tropezando fuera de la oscuridad ante la cegadora luz del día por primera vez. Las sombras en las paredes de piedras detrás de mí, alguna vez tan claras e inquietantemente reales, ahora parecían caricaturizadas y exageradas. Sin embargo, moverse más allá de la cueva era aterrador; mis ojos no se habían adaptado a un mundo iluminado por el sol, así que me quedé en la entrada por un tiempo, inmóvil y en la penumbra.

Enseñar teoría de género en ese estado era desconcertante, por decirlo suavemente. Mientras discutía ensayos que había enseñado una docena de veces, de repente me vi plagada de preguntas espontáneas, notaba lagunas e inconsistencias de las que nunca me habían preocupado. Durante el semestre, se hizo cada vez más claro para mí —en pequeñas epifanías de horror— que había estado viviendo en una cueva durante más de una década, confundiéndolo con la realidad. Al perseguir mi amor por la literatura femenina y mi interés permanente en las experiencias de las mujeres, había entrado en un campo de estudio que venía empaquetado con su propia visión total del mundo, una visión que absorbí gradualmente. Me había convertido en una ideóloga sin darme cuenta.

Recuerdo una clase en particular: estaba discutiendo con mis estudiantes un ensayo de Judith Butler, una prominente teórica de género. En el ensayo, Butler despliega su concepto de performatividad de género: el género como algo que hacemos, en lugar de algo que somos (hablaré de Butler con más detalle en el capítulo 3). Como la mayoría de los teóricos críticos, Butler escribe en todo menos en prosa impenetrable; sin embargo, mis estudiantes aceptaron fácilmente su idea de género como una performatividad. Lo que no reconocieron completamente es que Butler afirma que el género es *solo* una actuación, que las «mujeres» realmente no existen, y que cualquier afirmación de verdad es, en última instancia, un ejercicio de poder. Estas ideas, que podrían no haber sido tan atractivas para mis estudiantes, permanecieron bien ocultas debajo de la superficie, oscurecidas bajo una jerga opaca. Mis estudiantes rozaron la capa superior del suelo, agarrando algunas flores aquí y allá, pero nunca detectaron bien la raíz. Solo ahora, analizando mi primer vistazo de la realidad, puedo ver que no fui de mucha ayuda para ellos.

Salí de clase ese día sintiéndome derrotada, sin estar segura del motivo. Había enseñado ya este texto a otros estudiantes universitarios, muchas veces, y con mi conciencia tranquila. De hecho, a menudo me sentía *bien* al exponerles a teorías enajenantes y modernas sobre el género. Cuando expresaban una nueva incertidumbre y confusión, como solían hacer al final del curso, me sentía satisfecha, como si mi tarea principal como profesora de estudios de género fuera romper y desestabilizar sus puntos de vista ordenados y simplistas, para exponerlos a una complejidad irresoluble. Ahora ese trabajo de desorientación, sin ningún esfuerzo de reorientación, comenzó a inquietarme. Mi conciencia, después de aplaudirme durante la última década, ahora carraspeaba en la trastienda de mi mente y preguntando: ¿acaso hay algo de cierto en todo esto?

En este estado de desasosiego, busqué el consejo de un profesor mayor a quien respetaba. Corrí a su oficina directamente desde mi casa, mi cabello aún estaba mojado después de una ducha. Acababa de regresar del permiso de maternidad, donde iba siempre con cinco minutos de retraso, sudando excesivamente y tratando de atender a mis demás ocupaciones en los intervalos de tres horas entre los momentos de lactancia. Llegué con una Coca-Cola Light en la mano, esperando una charla agradable e informal con un colega. A los cinco minutos estaba en modo de completa confesión, revelando las acusaciones de mi conciencia no a un sacerdote, sino a un cuáquero de barba gris con aire de Gandalf. «Siento que les he estado dando de beber veneno a mis estudiantes», dije. Durante tantos años, había sido descuidada, descuidada con sus mentes y, lo más aterrador, con sus almas.

El profesor me escuchó a su manera, en silencio. Él usa pocas palabras, pero suelen ser sabias y rara vez son las que quieres escuchar. Podría haberme animado, decirme que había hecho lo que pensaba que era correcto en ese momento, que estaba siendo demasiado dura conmigo. En cambio, dijo, con acento apalache: «¿Conoces ese versículo en Mateo? ¿El que dice que, si alguien hace tropezar a algún pequeño, sería mejor que le colgaran del cuello una piedra de molino y se ahogara en el mar? Siempre he pensado que sería una buena idea para nosotros, los profesores, tatuarnos eso en los brazos».

14

Eso es lo que estaba sintiendo: la maldita piedra de molino. En verdad, había estado alrededor de mi cuello durante años, pero al menos ahora estaba sintiendo su peso. Fue un consuelo.

Salí de su oficina con un poco más de claridad sobre lo que *no* quería hacer. No quería seguir enseñando teoría de género como un conjunto de ideas neutrales en cuanto a valores, sin prestar atención a la visión del mundo que propone. No quería que mi conclusión fuera confusa. Entendía lo que *no* debía hacer, pero estaba menos segura de lo que *sí* debía hacer.

Si la teoría de género era, en el fondo, una disciplina ideológica, ¿simplemente había desperdiciado mi educación? ¿No había nada bueno aquí, nada salvable? No sabía cómo integrar estas teorías con mi nueva identidad católica, o si debería intentarlo. Tenía que seguir saliendo de la cueva, eso lo sabía, pero ¿no había nada de valor que pudiera traer conmigo? Estaba experimentando una profunda disonancia de cosmovisión, como si hubiera estado flotando felizmente en lo que pensé que era una balsa resistente, y luego descubrir que estaba parada sobre dos troncos sueltos que se estaban separando.

Sospecho que hoy en día hay muchas mujeres que se encuentran en un lugar similar: atrapadas entre visiones del mundo, suspendidas entre el cristianismo y las últimas tendencias feministas, preguntándose cómo, si es que lo hacen, esas perspectivas se conectan y se traslapan. Algunas sienten esta tensión profundamente, sin saber cómo reconciliar los dos. Otras no lo sienten en absoluto, sino que concluyen que el cristianismo y el feminismo son tan compatibles que son casi lo mismo: seguir a Jesús es ser feminista. También están aquellas que adoptan el feminismo de manera tan intensa que se convierte en una religión, y cualquier compromiso cristiano gradualmente se convierte en vestigial o desaparece por completo.

En mi extraño y sinuoso viaje de fe, he sido todas esas mujeres.

Feminista evangélica

Comencé la universidad en el otoño de 2001. Los aviones derribaron las Torres Gemelas dos semanas después de iniciar mi primer semestre. El mundo estaba en crisis pero todo eso pasaba a kilómetros de distancia; yo estaba a salvo en la costa oeste, preocupada por la agitación en mi pequeño mundo. Salir de casa se sintió como un escape de la prisión. Estaba ansiosa por perseguir la promesa universitaria de autodescubrimiento y por encontrar un novio lo más pronto posible. En ese momento, tenía puntos de vista evangélicos típicos sobre las mujeres; seguí la línea en cosas como la jefatura masculina y la sumisión femenina, al menos si me lo preguntaban. Desde temprana edad me habían animado a soñar con mi futuro esposo, tenía una lista de cualidades deseadas en la parte posterior de mi diario. El primer renglón de la lista decía: «Un líder en el hogar y en el mundo». Como siempre había discrepancias, también mantuve una lista de todos los chicos que había besado, un número que aumentó a dos dígitos el verano antes de la universidad.

A pesar de mi guiño obligatorio hacia la autoridad masculina, no tenía un buen modelo que encarnara el ideal sumiso femenino. A menudo me encontraba en espacios dominados por varones, como el equipo de fútbol masculino en la secundaria o la clase de filosofía en la universidad, y me las arreglaba para encajar. Era ambiciosa y

16

competitiva, aguerrida cuando era necesario. No encajaba en el molde femenino (demasiado vello corporal, por un lado) y mi conciencia de este hecho aumentó durante ese primer año de universidad. Los debates sobre los roles de las mujeres, que me parecían lejanos cuando era adolescente, ahora ganaron relevancia. El matrimonio, la vida familiar, la carrera: ya no eran solo fantasías futuras, sino perspectivas inminentes. La cuestión de mi identidad y propósito como mujer se volvió apremiante.

Entré a la universidad asumiendo, como me habían enseñado, que el feminismo era una ideología dañina en desacuerdo con el cristianismo. No es que nadie en mi iglesia evangélica o en mi pequeña ciudad natal mormona nunca haya mencionado realmente el feminismo. Lo único que escuché fue a Rush Limbaugh ocasionalmente criticando a las «feminazis» en la radio del automóvil. Pensaba en las feministas como mujeres estridentes y liberales con pelo corto y pantalón. No pasó mucho tiempo para que esta caricatura se quedara en el camino. A los nueve meses de ingresar a la universidad, estaba escribiendo un trabajo titulado «Dios es feminista» y enviándolo por correo electrónico a mis padres, sin duda alguna, escandalizados.

¿Qué provocó este cambio repentino? Leer la Biblia. Como evangélica de cuna, había leído mucho la Biblia, pero solo de manera fragmentada: un versículo de memoria aquí, un capítulo o pasaje allá. En la universidad, sin embargo, se me pidió que leyera un libro de la Biblia completo, y descubrí algunos rincones extraños y turbios en la Biblia que pensé que conocía. Me tomaron por sorpresa los versículos sobre mujeres que se cubrían la cabeza y guardaban silencio en la iglesia, o aún más desconcertantes: las mujeres como imagen y gloria del varón, y los varones como imagen y gloria de Dios[1]. Ese me sacó de lugar. ¿Están los varones más cerca de Dios que las mujeres? A pesar de crecer en una estructura estilo *matrioska*, de conservadurismo religioso, una burbuja evangélica dentro de una burbuja mormona, nunca me había enfrentado tan directamente con lo que parecía ser una jerarquía de valor entre mujeres y varones, y en la Palabra de Dios, nada más ni menos.

Instintivamente retrocedí ante la idea de que las mujeres tienen menos valor a los ojos de Dios. Pero quería ser capaz de reconciliar mi creencia en la igual dignidad de varones y mujeres, con la autoridad de las Escrituras. Mi profesora no tuvo una interpretación satisfactoria, y tampoco mis compañeros de clase. Sintiéndome perdida, me dirigí a la biblioteca buscando respuestas. Deambulando por esos pasillos, hice un descubrimiento que reorientaría la trayectoria de mi vida intelectual: la interpretación bíblica feminista.

Este descubrimiento provocó lo que podríamos llamar mi propia «primera ola» como feminista: el feminismo evangélico. Durante los siguientes dos años más o menos, enfoqué mi energía en interpretar las Escrituras de una manera que afirmara una perspectiva igualitaria sobre varones y mujeres. Encontré una clave hermenéutica de oro en un fragmento de *Gálatas* 3, 28: «No hay varón ni mujer; porque todos vosotros sois uno en Cristo Jesús». Usé esa llave para abrir los desconcertantes versículos que me causaban problema. Mientras tanto, mis puntos de vista religiosos más amplios permanecieron más o menos evangélicos. Todavía confiaba en las Escrituras como la máxima autoridad, con la advertencia de que debe interpretarse

---

[1] 1 *Corintios* 11, 7.

18

correctamente; tenía fe en la revelación cristiana y en la obra salvífica de Cristo. No vi ninguna tensión entre el feminismo y el cristianismo tal como yo los entendía, y me ocupé de convencer a otros de su compatibilidad.

Mi «segunda ola» de feminismo comenzó cuando terminé mi segundo año de universidad. Había una nueva profesora en el campus que era una activista feminista, y asistí a su clase sobre las mujeres en la Biblia. Cuando llegamos a esos incomodos pasajes paulinos en el Nuevo Testamento, me senté y esperé a que me enseñaran lo que ya sabía: Pablo no es sexista; solo tenemos que leerlo correctamente.

Para mi sorpresa, la profesora dio un giro por completo para dar otro argumento: Pablo es realmente sexista, pero podemos ignorar esos fragmentos de las Escrituras porque fueron corrompidos por la cultura patriarcal de la época. Me sentí frustrada; sabía que mis compañeras de clase, que eran escépticas sobre el feminismo, se alejarían de cualquier perspectiva que se moviera rápido y sin rigor con la Biblia (yo había estado esperando ganar algunas feministas conversas).

A pesar de mi aflicción inicial, la clase gradualmente comenzó a reformar mi visión de las Escrituras. Al final del trimestre, había adoptado con todo mi corazón la forma de pensar y leer de aquella profesora. La Biblia ya no era la Palabra de Dios, algo confiable y profundamente verdadero; lo vi como algo hecho por el hombre y un instrumento para la opresión de las mujeres. Por primera vez, comencé a sentir una tensión, incluso un abismo, entre el cristianismo y el feminismo. Estaba decididamente en el lado feminista, mirando con sospecha a través de las Escrituras y la tradición.

El semestre siguiente fui a Oxford para estudiar las escritoras medievales. Pasé cuatro meses inmersa en las obras de Hildegarda de Bingen, Juliana de Norwich y Christine de Pizan, escritoras profundamente cristianas e hijas fieles de la Iglesia. Curiosamente, no vi a estas mujeres como representantes de la tradición; las vi como intelectuales deshonestas, y cuyas voces habían sido censuradas. Encontré un pequeño y práctico libro de consulta sobre contenido antimujer en los escritos de varios Padres de la Iglesia, el cual tomé como representativo de la tradición cristiana en su conjunto. Sin leer ninguna de las fuentes primarias en su totalidad, me contenté con estos extractos sacados de contexto para incluir en la lista negra a Agustín, Ambrosio, Juan Crisóstomo, *et al.* y apoyar mi idea de que la tradición cristiana es completamente anti-mujer.

Rápidamente adquirí una comprensión reduccionista y bifurcada de la historia de la Iglesia. Vi a las escritoras que acababa de descubrir como figuras marginadas, a pesar de que Hildegarda ejerció una enorme influencia en su época y desde entonces ha sido declarada santa y doctora de la Iglesia. Mi comprensión de la «tradición» estaba irremediablemente empobrecida, pero no era consciente de esto. Me había criado en un rincón del cristianismo que era más o menos ahistórico, que veía a nuestra iglesia local como una extensión perfecta de los primeros cristianos en el Nuevo Testamento. Los siglos intermedios, la elaboración gradual de credos, canon y doctrina, todo esto se omitió por completo. Ni siquiera era conscientemente protestante, ni sabía que el evangelicalismo es en sí mismo una tradición. Conocía bien la Biblia, pero ignoraba su herencia interpretativa. Ingenuamente asumí que mi familiaridad con las Escrituras me convertía en una experta en el cristianismo en general, y apresuradamente construí una versión endeble del espantapájaros, que se podría derribar fácilmente.

Mirando hacia atrás, puedo ver claramente que mis dos primeras fases feministas se caracterizaron por una meticulosa selección de lo que me servía. Como feminista igualitaria, seleccioné los versículos que parecían afirmar esa perspectiva, como *Gálatas* 3, 28, y los usé para reinterpretar los que parecían estar en desacuerdo con el igualitarismo. Como feminista crítica, me concentré en los pasajes que eran flagrantemente sexistas y los usé para confirmar mi conclusión de que la Biblia, y por lo tanto el cristianismo en su totalidad, era fundamentalmente patriarcal y necesitaba urgentemente una reforma feminista. En lugar de encargarme de la tensión creada por estos aparentes conflictos dentro de las Escrituras, hice una jugada clásica: resolver la tensión eliminándola por completo.

Vislumbré una tercera vía en Oxford, una que evitara el trillado camino de la jerarquía misógina por un lado y del igualitarismo por el otro. Escribí mi trabajo de final de semestre sobre la cosmología de Hildegarda, centrándome específicamente en su comprensión del varón y la mujer en el orden creado. Las diferencias entre varones y mujeres se han utilizado frecuentemente para justificar una estricta jerarquía de valores y roles entre los sexos. En el esfuerzo por rechazar esto, el pensamiento feminista ha considerado típicamente la diferencia sexual en sí misma con hostilidad y ha minimizado la diferencia para afirmar la igual dignidad. La teología mística de Hildegarda, trasmitida a través de ricas imágenes en lugar de proposiciones abstractas, comunica una comprensión de la diferencia que es armoniosa y equilibrada, en lugar de jerárquica. Pude reconocer que su visión de la complementariedad era diferente a la complementariedad que me habían enseñado en ambientes evangélicos, y también percibí que ella desentona con el feminismo moderno, que duda del concepto mismo de complementariedad.

Hildegarda logró equilibrar la misma dignidad con la diferencia significativa, de una manera que aún yo no había encontrado. Ojalá hubiera seguido ese hilo; tal vez me habría llevado antes al cosmos cristiano. En cambio, lo dejé ir y me perdí en el laberinto del feminismo posmoderno durante los siguientes diez años.

Feminista revisionista

Este fue el comienzo de una nueva ola para mí: el feminismo revisionista. Me gradué en la universidad y fui a la escuela de posgrado en Escocia para estudiar escritura femenina y teoría de género. Para entonces, estaba cada vez más interesada en el feminismo postestructuralista francés. Me atraían filósofas como Hélène Cixous y Luce Irigaray, que hacían cosas extrañas e inquietantes con el lenguaje. Leer sus obras era como entrar en un mundo de sueños, agacharse justo debajo de la superficie del pensamiento consciente, en un reino donde las palabras, las imágenes y las metáforas se aglomeraban en remolinos vertiginosos, creando cuadros que se movían, brillaban y se disolvían. Como estudiante de filosofía de pregrado, me había cansado del lenguaje disecado de la filosofía analítica que parecía irremediablemente alejado de la experiencia encarnada. Estas feministas francesas estaban en la corriente continental de la filosofía, y el cuerpo, especialmente los cuerpos de las mujeres, ocupaba un lugar importante en sus escritos. Mientras que las feministas angloamericanas parecían estar haciendo todo lo posible para esquivar la diferencia y la especificidad del cuerpo femenino (su capacidad de gestar, lactar, dar a luz)

22

las feministas francesas se deleitaban con ello. El trabajo de Cixous articula un modo de escritura claramente femenino, basándose en la riqueza metafórica de la feminidad. «Escribo con tinta blanca», declara, como si estuviera sentada en su estudio parisino y sumergiendo su pluma estilográfica en leche materna.

Un mes antes de comenzar mi programa de maestría en estudios de género, hice algo poco convencional, al menos para alguien que comienza un programa de maestría en estudios de género. Me casé, con un varón, ni más ni menos y a la edad de veintidós años. Esto fue tan desconcertante para mis compañeras feministas que me apodaron «la esposa *queer*»; en el mundo de la academia feminista, yo era una rareza, con una relación estable en un matrimonio heterosexual, mientras que la mayoría de mis compañeras de estudios, rodaban entre triángulos amorosos lésbicos.

Yo era extraña de otra manera: era religiosa. O bien, yo no era no-religiosa; para una persona realmente religiosa habría parecido bastante secular. Durante todo el tiempo que viví en Escocia no entré a una iglesia, aparte de pasear por las ruinas de la antigua catedral al borde del Mar del Norte. Esta catedral, construida en el siglo XII, fue alguna vez la iglesia más grande de Escocia y un vibrante centro del cristianismo católico, sirviendo como sede de la archidiócesis de Saint Andrews. En 1559, la catedral fue saqueada por seguidores de John Knox, el reformador protestante, y en dos años fue completamente abandonada y dejada en ruinas.

Había llegado a ver el cristianismo como esta catedral abandonada, una estructura sagrada que había sido legítimamente desmantelada, no debido a las transgresiones papistas, sino a las patriarcales. En lugar de alejarme de las ruinas, me quedé entre ellas, tratando de reorganizar las piedras y reconstruirlas. Quería rehacer la catedral como un acto de revisión, no de restauración. Quería construir un nuevo cristianismo, completamente purgado del sexismo, de la jerarquía y del pecado.

Este trabajo de revisión religiosa se convirtió en el foco de mi tesis doctoral, y las feministas francesas fueron mis musas, especialmente la filósofa Luce Irigaray. Su trabajo se prestó fácilmente a esta tarea de revisión por dos razones: a diferencia de muchas filósofas feministas, ella valora la dimensión religiosa de la experiencia humana y, como una posmodernista minuciosa, no pone límites a la libertad y extensión con la que uno puede revisar.

El posmodernismo, para decirlo de una manera sencilla, es una cosmovisión que ve la realidad en términos de narrativas creadas por seres humanos, en lugar de un orden de verdades objetivas que pueden ser descubiertas por los seres humanos. El posmodernismo refleja un profundo escepticismo hacia las «metanarrativas» (narrativas colectivas y explicativas que dan una descripción general de la realidad). El cristianismo, o cualquier religión establecida, cuenta como una metanarrativa, también lo es el cientificismo ateo. El posmodernismo es igualmente escéptico frente a la comprensión de la realidad, tanto de la planteada por la ilustración como del cristianismo. Los posmodernistas no rechazan necesariamente la existencia de Dios, pero sí la cognoscibilidad de Dios y la verdad objetiva. Dios no es un ser que se revela a nosotros a través del orden creado y la revelación divina; más bien, «Dios» es simplemente una proyección de los deseos humanos, una historia que nos contamos a nosotros mismos.

La filosofía de Irigaray enfatiza la necesidad del concepto de Dios como un límite u horizonte último hacia el cual podemos crecer y desarrollarnos como seres humanos. El problema, para Irigaray, es que este horizonte ha sido definido por los varones, proyectado desde el deseo y la experiencia masculina. La tarea para las mujeres es crear una comprensión distintivamente femenina de Dios, una que pueda facilitar nuestro «devenir» como mujeres. Irigaray no cree que las mujeres necesiten estar libres de religión, más bien, necesitan pertenecer a una religión de su propia creación.

Durante la escuela de posgrado, me convertí en una feminista posmoderna en un modo irigarayano. Imaginé la realidad como una cúpula cerrada en lo alto. Podía mirar hacia la cúpula e imaginar que algo misterioso y divino estaba más allá de ella, pero dentro del mundo cerrado debajo de la cúpula, la única herramienta que tenía para acceder a ese «más allá» era el lenguaje: palabras, metáforas e imágenes que, como creaciones humanas, no alcanzarían la verdad última. Lo mejor que pude hacer fue jugar con esas palabras y tratar de hacerlas significativas, sabiendo que golpearían el techo impenetrable de la cúpula y rebotarían.

Hay algo en todo esto, los místicos, teólogos y doctores de la Iglesia siempre han enfatizado que Dios está más allá de la finita comprensión humana y nunca puede ser completamente entendido. Yo además iba un paso más adelante, confundiendo «entendimiento» con «conocimiento». Dios está más allá de nuestro entendimiento, pero *no obstante es cognoscible*, porque Él mismo se da a conocer. Como posmodernista, centré toda mi atención en la incapacidad del lenguaje humano y la compresión para alcanzar y captar plenamente a un ser divino. Había perdido de vista a un Ser divino que se encarnó.

Dentro de esta cosmovisión, cualquier solicitud de autoridad es simplemente un ejercicio de poder. No hay autoridad, ya sea la Escritura o el magisterio de la Iglesia, que tenga acceso especial a la verdad, por lo que yo podría rechazar o aceptar cualquier doctrina establecida si así lo deseaba. Vi el cristianismo como una narrativa creada por seres humanos y, por lo tanto, abierta a la revisión por otros seres humanos como yo. En mi disertación, analicé novelas escritas por mujeres que desafiaron y modificaron las narrativas cristianas tradicionales y vi esto como una tarea liberadora, una recuperación del poder.

Ese fue el alcance de mi praxis religiosa durante este período de mi vida. No recé, no asistí a una iglesia, no leí las Escrituras, solo hice una disertación. Yo era cristiana simplemente porque había elegido usar la narrativa cristiana. Desde mi observatorio posmoderno, eso era suficiente.

Hubo momentos, a veces días completos, de repentina lucidez. Levantando mi mirada desde alguna página que estaba escribiendo o un texto que estaba leyendo, pensaba: *yo solo estoy inventando cosas*. En esos momentos, tuve la fugaz y ansiosa intuición de que el trabajo que estaba haciendo no conectaba con ningún tipo de conocimiento genuino. Pero lo dejaba pasar, me sacudía la sensación, y la descartaba pensando que era mi inseguridad de estudiante de posgrado. En el fondo, debajo de la jerga posmoderna de moda que había interiorizado, mi alma todavía buscaba reflexivamente algo verdadero.

Lo que más me perturba cuando recuerdo ese período de mi vida es la disonancia cognitiva que soporté. Me consideraba cristiana, pero no creía en nada parecido a la ortodoxia, y no tenía ninguna praxis activa. Había dejado atrás el cristianismo, aunque no lo reconociera. Mi fe había sido vaciada desde adentro, pero debido a que una delgada cáscara externa permanecía intacta, no enfrenté la realidad de que era cristiana solo de nombre. En el ámbito de la creencia, yo era agnóstica; en la práctica, una atea.

Una forma de contar mi historia es decir que el feminismo me alejó del cristianismo. Sumergirme en la filosofía feminista, la interpretación bíblica feminista y la teoría de género me enseñó a leer el mundo, *especialmente* las Escrituras cristianas y la tradición, con una «hermenéutica de la sospecha». Fui entrenada para asumir que el sexismo siempre estaba presente, en cada texto y cada interacción humana, y mi trabajo era revelarlo, arrancar la máscara y gritar: «¡Te atrapé!». Cada cosmovisión se basa en ciertas suposiciones que se dan por sentadas, al igual que una casa descansa sobre sus cimientos. Estos principios son afirmaciones de verdad que se asumen sin probarse. Incluso el posmodernismo descansa, aunque irónicamente, en la premisa de que ninguna premisa de cosmovisión es verdadera. Cuando me encontré por primera vez con el feminismo, mi base era cristiana; me acercaba al feminismo desde premisas cristianas. En algún momento, eso cambió, y yo estaba viviendo sobre una base distinta, mirando por la ventana al cristianismo desde lejos. Ese cambio es lo que causó que mi fe cristiana se deteriorara, porque el fundamento de esa fe había sido desplazado. Mis principios fundamentales, las premisas sobre las que descansaba mi visión del mundo, ahora eran posmodernistas, en lugar de cristianas.

HERÉTICA FEMINISTA

Sin embargo, hay otro lado de esta historia que contar. El hecho de que mi interés por el feminismo me llevó a estudiar a Hildegarda de Bingen, la brillante mística que se convertiría en mi santa patrona de confirmación diez años después. También está la filosofía de Irigaray que jugó un papel en mi eventual giro hacia la Iglesia católica.

En el primer año de mis estudios de doctorado en Saint Andrews, cuando todavía estaba tratando de averiguar qué se suponía que debía hacer, fui aceptada en un seminario doctoral con Luce Irigaray, mi heroína filósofa. Desterrada de la academia francesa por ser demasiado iconoclasta, su primer libro, *Espéculo de la otra mujer*, ataca a grandes personalidades de la intelectualidad francesa, como Jacques Lacan. Irigaray enseñó en el Reino Unido, a través de seminarios anuales de una semana de duración que reunieron a estudiantes de doctorado de todo el mundo para realizar su investigación con ella. Yo era la más joven del grupo y fácilmente la más deslumbrada. No podía creer que estaba en el mismo salón, sentada en la misma mesa, con mi heroína feminista. Entre seminarios, nos deleitaba con comentarios a modo chisme de farándula sobre otros filósofos franceses, como Hélène Cixous (quien, según Irigaray, es *absolutamente aterradora*). Estaba tan abrumada por la euforia y la ansiedad que apenas podía comer, tuve que pedir melatonina a mis compañeros estadounidenses, también con *jet lag*, para poder dormir.

Cuando llegó el momento de trabajar en mi investigación, que apenas despegaba en ese momento, le expliqué que estudiaba cómo las escritoras contemporáneas estaban reimaginando conceptos e historias religiosas tradicionales en sus novelas. Irigaray rechazó con fuerza mi dependencia en el concepto de «imaginación». Argumentó que era demasiado etéreo y conceptual, lo que lleva a un dualismo malsano que valora más el ámbito de la abstracción que el ámbito de la encarnación. En lugar de la imaginación, insistió, debería centrarme en *la encarnación*.

Este fue un punto de inflexión. Recentré mi disertación en la idea de la encarnación como una forma de salir del dualismo. La «encarnación» se convirtió en el tema prominente de mi vida intelectual. Leí, escribí y teoricé sobre ello durante años; fue el hilo de pescar que me mantuvo atada al cristianismo, porque reconocí que la doctrina de la Encarnación distingue al cristianismo de otras religiones.

Por supuesto, había en ese momento en mi trabajo una ironía invisible, pero atroz para mí ahora. La «encarnación» que abracé no fue una encarnación real sino conceptual. Continué eludiendo la pregunta de si Dios en *realidad*, no solo *metafóricamente*, se hizo hombre en Jesucristo. Pero una encarnación que es solo conceptual cae en la misma trampa del dualismo de la que yo estaba tratando de escapar. Para tomar prestada una frase del filósofo Charles Taylor, esta fue una encarnación puramente «excarnada», porque lo que debería encarnarse se reduce a una idea teórica.

A pesar de esta ironía, mi preocupación por la encarnación fue el gancho de oro que permitió que la gracia divina me atrajera a la Iglesia católica. Al final de mis veinte años, estaba espiritualmente hambrienta. Jugar con conceptos y metáforas religiosas no era suficiente, precisamente porque no pueden ser verdaderamente encarnados cuando están separados de la realidad de *La Encarnación*. Una realidad que se hace visible y tangible en los sacramentos. Estaba cansada de pensar en la encarnación; necesitaba probarlo, *probarlo a Él*, el Verbo hecho carne, y ese anhelo eucarístico me impulsó hacia una conversión repentina e inesperada.

He escrito extensamente sobre esta conversión en otros lugares, su completa y peculiar complejidad, pero aquí quiero resaltar solo un aspecto clave[2]. Es un giro extraño en mi historia de conversión, extraño al menos para aquellos que piensan que no hay nada redimible en la teoría feminista, estudiar Irigaray fue lo que me puso en un camino sinuoso hacia el catolicismo. Esta doble verdad, que la teoría feminista me llevó a alejarme y luego a regresar a una profunda fe cristiana, es la razón por la que no estoy satisfecha con los relatos simplistas de la influencia del feminismo, relatos que demonizan el feminismo (a veces literalmente) o lo elogian demasiado. Como la mayoría de las cosas en este mundo, especialmente la mayoría de las filosofías, en el pensamiento feminista hay una mezcla de cosas buenas y malas, de verdad y falsedad. Pasar por alto esa mezcla, es lo que puede meternos en problemas.

Tenemos que echar un vistazo a la reflexión sobre el feminismo y distinguir lo bueno de lo malo. Esto es especialmente cierto ahora, porque el feminismo, gracias a Internet y a la propia academia, ha ganado una gran popularidad. Mi experiencia como estudiante universitaria cristiana a principios de la década de 2000 es muy diferente de la experiencia de mis estudiantes en la actualidad. Al principio no tenía profesores que enseñaran en clase sobre feminismo; este no formaba parte de ninguna lista de lectura designada. Tuve que salir del camino para buscar algunos libros polvorientos en la biblioteca, escondidos allí desde la década de 1980, con pocos sellos en la contraportada. Lo más significativo es que Internet todavía estaba en su fase germinal; *googlear* aún no era un verbo, y las redes sociales no existían. Teniendo en cuenta estos factores, era muy improbable que me convirtiera en

---

[2] FAVALE ABIGAIL, *Into the Deep: An Unlikely Catholic Conversion*. Cascade Books Eugene, OR, 2018.

30

feminista tan rápidamente en una universidad evangélica en 2001. Yo era un bicho raro. Durante mis cuatro años, solo conocí a un puñado de estudiantes que se identificaban como feministas. Éramos una minoría ruidosa pero pequeña. Rápidamente me tildaron de «la feminista» porque había muy pocas compitiendo por el título.

Ahora, veinte años después, mis estudiantes habitan en un mundo donde el feminismo se ha convertido en la corriente principal, incluso en los círculos cristianos. *No ser feminista* es un gran *paso en falso*, equivalente a ser antimujer. Los eslóganes feministas, *hashtags* y memes impregnan las redes sociales, y la presión para subirse al vagón es intensa. Incluso en la universidad cristiana donde enseño, el feminismo se ha convertido en parte del establecimiento. Se ofrecen clases de teoría de género y filosofía feminista, y los conceptos de la teoría feminista son parte del plan de estudios estándar en disciplinas como la literatura inglesa y el trabajo social. Yo tuve que salir de mi camino para encontrar el feminismo como estudiante universitaria, pero ahora ya no es necesario. Identificarse o no como feminista y hasta qué punto, son cuestiones ineludibles que los jóvenes tienen que enfrentar.

Esta nueva realidad se volvió cruda para mí hace un par de años, cuando una de mis estudiantes vino a confesarme que no estaba segura de ser feminista. Creía en la igualdad entre varones y mujeres, por supuesto (y era una estudiante brillante y ambiciosa, que sería aceptada más tarde en un programa de posgrado), pero no estaba segura de todo el *paquete* del feminismo. No podía afirmar esto cómodamente ante su grupo de amigos, porque las posiciones matizadas no eran bienvenidas. O te identificabas como feminista... o eras misógina. Cuando era estudiante, el «pecado» era ser feminista. Ahora, *no* serlo.

Hay un amplio espacio, y una gran necesidad, para un feminismo auténticamente cristiano. Este es el «nuevo feminismo» que Juan Pablo II pidió, un feminismo que reclama la dignidad de las mujeres y no simplemente replica los modos masculinos de dominación[3]. Tengo que hacer una precisión: ser feminista cristiana significa ser una hereje, de una forma u otra. Tienes que tomar una decisión. Abrazar la ortodoxia cristiana significa rechazar ciertos dogmas feministas. Aceptar esos dogmas implica traicionar algunas creencias cristianas. He sido una hereje feminista en ambos sentidos en diferentes momentos de mi vida. Ahora estoy haciendo todo lo posible para ser una hija fiel de la Iglesia. Si soy feminista, elijo ser herética.

Dos paradigmas

Existe el peligro de abrazar el feminismo sin pensar demasiado y dejar que se convierta en una cosmovisión totalizadora, como lo hice yo. También existe el peligro de descartar el feminismo apresuradamente, y eso deja importantes preocupaciones sin abordar. A pesar de la conquista de las mejores posiciones por parte del feminismo, las niñas y las mujeres son constantemente bombardeadas con imágenes que las cosifican y degradan. La depresión, la ansiedad y las autolesiones se disparan entre las preadolescentes. Ese mismo grupo demográfico está, en números exponenciales, rechazando la feminidad y abrazando una identidad masculina. Las preguntas que formula el

---

[3] JUAN PABLO II, *carta encíclica Evangelium vitae* (El Evangelio de la Vida) 25 de marzo de 1995, n.º 99.

feminismo siguen siendo vitales y relevantes, incluso sabiendo que las respuestas son contraproducentes.

Debemos abordar las cuestiones vitales de la personalidad, el sexo, la identidad y la libertad como una cosmovisión. Por eso estaba tan angustiada en 2015: me había dado cuenta de que la teoría de género que había enseñado a mis estudiantes, a menudo estaba en desacuerdo con el cristianismo. No les había ayudado a ver eso que no podemos medir, porque yo misma había estado ciega a ello. Me había convertido en una apasionada e inconsciente flautista de Hamelin.

Aunque el feminismo ha sido a veces una fuerza positiva en mi vida; en última instancia me llevó a un lugar opuesto al cristianismo, lo llamaré el *paradigma de género*. El paradigma de género afirma una visión radicalmente constructivista de la realidad, luego la cosifica como verdad, exigiendo que otros asientan su veracidad y adopten su lenguaje.

De acuerdo con el paradigma de género, no hay creador, somos libres de crearnos a nosotros mismos. El cuerpo es un objeto sin significado intrínseco; le damos el significado que queramos, utilizando la tecnología para deshacer lo que es percibido como «natural». No *recibimos* significado de Dios, ni de nuestro cuerpo, ni del mundo: nosotros lo imponemos. Lo que consideramos «real» es simplemente una construcción lingüística; por tanto, debemos manejar el lenguaje para evocar la realidad tal como la que queremos. Ser libre es transgredir los límites continuamente, liberar la voluntad. «Mujer» y «varón» son identidades basadas en el lenguaje, que pueden ser habitadas por cualquiera. Debido a que la verdad es solo una historia que nos contamos a nosotros mismos, todas las historias contadas por nosotros son verdaderas.

Estoy adaptando la palabra «paradigma» del filósofo Thomas Kuhn, quien usó este término para describir un modelo o marco para interpretar el mundo y los fenómenos que experimentamos. Kuhn lo invocó para analizar la historia de la ciencia. En este libro estoy analizando la genealogía del género, proporcionando una explicación de cómo surgió el paradigma de género y cómo se compara con el paradigma del cristianismo católico.

A mediados del siglo XX, comenzó a surgir una nueva forma de categorizar a varones y mujeres, centrada no en el sexo biológico sino en el *género*. Para entender cómo se desarrolló este paradigma es necesario rastrear sus raíces en el feminismo. El movimiento feminista ha dado a luz muchas cosas: una de ellas es la popularización del género, un concepto que abre una brecha entre la identidad sexuada y la encarnación. Al principio, esta separación conceptual facilitó discusiones más complejas sobre las influencias culturales en la identidad sexuada. En nuestro tiempo, sin embargo, la fisura se ha ensanchado hasta volverse un abismo. La palabra «mujer» ya no pertenece a la personalidad femenina en absoluto.

Llegué a habitar en el paradigma de género a través de la puerta de la teoría feminista. Mi viaje personal es una especie de microcosmos histórico, porque nuestra cultura entró en el paradigma de género por la misma puerta. El feminismo y la teoría de género mantienen fuertes lazos familiares. Aparte de un contingente disidente de feministas «críticas de género», el feminismo contemporáneo se ha convertido en un hogar cómodo dentro del paradigma de género, e incluso vigila sus límites lingüísticos. Es una triste paradoja que un movimiento centrado en los derechos de las mujeres nos haya llevado a esta curiosa coyuntura donde la definición misma de «mujer» está bajo una feroz disputa. ¿Cómo sucedió esto? Es una historia extraña, rica en ironía dramática y, en última instancia, desastrosa. El paradigma de género es descendiente del feminismo, y ha demostrado, como veremos, ser edípico.

COSMOS

DÉJAME CONTARTE una historia.

Al principio había agua, y en esta agua es donde nacen los dioses. Dos tipos de agua: el turbulento mar femenino y el dócil río masculino, el agua dulce y salada se entremezclan, y forman una piscina repleta de donde brotan los dioses: todo tipo de dioses, ruidosos y estridentes, dioses que engendran otros dioses. Uno de ellos surge más poderoso que los otros, lleno de un espíritu inquieto y conquistador. El orbe acuoso del que venía se vuelve demasiado pequeño para él, demasiado estrecho, y decide rebelarse. Reúne un ejército de monstruos para luchar contra quien lo había engendrado, que se ha convertido en algo aterrador, un huracán. Él gana, él la mata. Como una ocurrencia tardía, decide hacer uso de su cadáver. Él la divide por la mitad, destripándola como a un pez, y de su carne muerta forma la cúpula de los cielos y la extensión de la tierra. Él también mata a su consorte, y de su sangre, el dios guerrero hace una multitud de pequeños esclavos que tienen como único propósito servir a los dioses, mantenerlos satisfechos y bien alimentados.

Esta es la trama del Enuma Elish, la historia babilónica de la creación. La raza de esclavos son seres humanos; el violento dios creador es Marduk, y el principio femenino divino que da a luz al panteón es Tiamat. Ella no puede ser llamada propiamente una diosa, porque nunca es objeto de adoración. No hay un templo o culto dedicado a ella, porque la existencia humana depende de su conquista. Ella está muerta antes de que el mundo comience.

Armonía original

El primer capítulo del Génesis que cuenta la historia bíblica de la creación, data de la época del exilio babilónico, cuando el pueblo hebreo fue dispersado, privado de tener su templo y vivían como refugiados entre sus conquistadores. El Enuma Elish fue la narrativa dominante sobre la creación y proporcionó el telón de fondo sobre el cual se escribió el Génesis 1. La palabra hebrea *tehom*, típicamente traducida como «el abismo» sobre el cual se cierne el espíritu de Dios, está asociado a la palabra acadia tiamat. Sin embargo, a medida que se desarrolla el Génesis, queda claro que estas dos cosmologías son muy diferentes.

En la mente antigua, las historias sobre el origen son en definitiva, historias de identidad y propósito. No podemos entender quiénes somos y para qué estamos hechos sin entender de dónde venimos. Esto sigue siendo cierto. Hay una tendencia humana innata a buscar nuestros orígenes para comprendernos mejor. Por eso, para tener un sentido plenamente cristiano de la realidad, debemos comenzar por el principio, con una cuidadosa mirada al

Génesis. Para entender mejor el Génesis, debemos leerlo en contraste con el relato babilónico, el Enuma Elish.

Ambas historias comienzan con caos, pero caos de diferente tipo. El caos del Enuma Elish es ruidoso, violento, impulsado por conflictos entre varios dioses. El caos del Génesis es un vacío tranquilo; no hay otras deidades, ningún sentido de conflicto o violencia. Simplemente hay un vacío que Dios ha venido a llenar, una nada que Dios reemplazará con algo.

Marduk, el dios creador babilónico, tiene su propia historia de origen. Él es el producto de dos seres divinos, los progenitores de los dioses, que han sido asesinados en el momento en que Marduk crea el cosmos. El Dios del Génesis no tiene padres, Él no llega a existir. Esta ausencia de un origen atestigua su presencia eterna. Él no es un ser, como Marduk, sino el Ser mismo, el terreno infinito de toda existencia finita. No tiene nada que probar, nada que conquistar, no hay necesidad de establecer su dominio. La unidad y soberanía de Dios se opone sorprendentemente a la multitud de dioses que están en guerra en el Enuma Elish.

Debido a que no hay necesidad de explicar la existencia de Dios o su ascenso al poder, Génesis 1 va directamente al evento principal: la creación. En el Enuma Elish, la acción de la creación es secundaria a la acción de la destrucción. La creación del mundo se lee casi como un epílogo, enterrado en el acto final del texto. En el Génesis, la creación es el punto focal. La creación no es una ocurrencia tardía, el impulso repentino de un dios que ha satisfecho su sed de sangre. La creación en el Génesis, es intencional y ordenada, una luz que se enciende en la oscuridad. Dios no crea a través de la violencia y la muerte, sino a través del lenguaje, Él habla al mundo para que exista. Esta Palabra divina es el motor de la creación, y es esta Palabra la que se encarnará en Cristo.

No hay guerra en Génesis 1, solo una tensión fructífera entre ausencia y presencia, entre algo y nada. Los conflictos y la violencia no son habituales en esta realidad; no entran en escena sino hasta más tarde. La creación se despliega como un todo integral e interconectado: un cosmos. Cada etapa de este despliegue, cada capa anidada, es declarada por Dios como buena. Hay una sutil sensación de impulso a medida que se construye la narrativa, cada intervalo creativo aumenta en belleza y complejidad, alcanzando la cima con la creación de los seres humanos. Estos seres no llevan la culpa de sangre de un dios caído; llevan la imagen de su Creador, no están hechos para ser esclavos. Tienen la tarea de cuidar la tierra y llenarla de vida. La cosmología del Génesis otorga a los seres humanos un tipo exclusivo de dignidad, una dignidad arraigada en ser portadores de la imagen. Además, el Génesis reconoce la dualidad de la humanidad, varón y mujer. Esta diferencia es parte de la bondad de la creación, y ambos sexos comparten plenamente la imagen divina y la misión de cuidar la tierra. No hay aquí sentido de jerarquía entre varón y mujer, sino más bien un gobierno compartido y benevolente sobre el resto de la creación.

El Enuma Elish no tiene nada que decir sobre las mujeres específicamente. El texto considera que la dualidad sexual de los seres humanos no tiene nada de especial. Vale la pena señalar que el conflicto narrativo central en el Enuma Elish es la guerra entre Marduk y Tiamat: un dios masculino y su antepasada, un poder femenino que debe ser sometido violentamente antes de que la creación pueda tener lugar. Esta dominación de género está completamente ausente en el Génesis 1. Entre varones y mujeres no hay guerra, solo una misma dignidad y una misión conjunta.

Cuando consideramos el primer capítulo del Génesis en el contexto del Enuma Elish, el énfasis distintivo del Génesis se revela en agudo relieve: la realidad que habitamos es un orden divinamente creado, un cosmos armonioso. Este orden es bueno, intencional y pacientemente llamado a la existencia por un Creador increado. Los seres humanos, varones y mujeres, están dotados de una dignidad única, marcada por la imagen de su Creador, y a quienes se ha confiado la obra sagrada de cultivar la vida. La diferencia sexual no es una característica extraña o defectuosa del cosmos, sino una parte esencial de su bondad.

Los siguientes capítulos del Génesis amplifican aún más este realce de la diferencia sexual. En realidad, hay dos relatos en el Génesis. El primer capítulo describe la creación desde un punto de vista trascendente, una visión de Dios, como si el narrador estuviera suspendido sobre el universo y observando cómo las cosas crecían desde lejos. El segundo capítulo del Génesis se acerca, muy adentro. El narrador nos lleva al polvo del Edén, a un paraíso terrenal situado en la cabecera de cuatro ríos. Dios es representado en términos corpóreos, camina y habla con los primeros humanos en un jardín exuberante. Mientras que la primera cosmovisión enfatiza la trascendencia de Dios, la segunda nos muestra su intimidad. Estos dos relatos, tomados en conjunto, revelan que el Dios trascendente de Génesis 1 es también un Dios profundamente personal, que desea la comunión con sus criaturas. Los dos relatos del Génesis son claramente distintos, pero son complementarios en lugar de contradictorios; describen el mismo evento desde dos ángulos, revelando así un poco más del misterio último de Dios y las huellas fundamentales de nuestro génesis.

Recuerda, las cosmovisiones antiguas no deben leerse como historia o ciencia literal. Hacerlo impone una criterio moderno a los textos premodernos y oscurece las verdades que las historias buscan revelar. Los relatos de la creación no proporcionan verdades científicas sobre los orígenes materiales, revelan verdades más profundas: verdades sobre la identidad, quién es Dios y quiénes somos, y el propósito, los fines para los que estamos hechos. Leer las narraciones de la creación en el Génesis y esperar encontrar ciencia, como me enseñaron mientras crecía, hará que los dos relatos parezcan contradictorios; obligando al lector a hacer una maniobra mental para reconciliarlos de alguna manera o rechazarlos como falsos. Si, en cambio, estos textos se leen como poesía y alegoría divinamente reveladas, como verdadero mito, emerge una imagen más completa de Dios, la realidad y la persona humana.

El segundo relato de la creación salta casi inmediatamente a la creación del primer ser humano. Dios forma al humano (el Adam) a partir del humus de la tierra y sopla en su cuerpo, animándolo con el divino aliento de vida.

Esta imagen revela una verdad importante sobre nuestra naturaleza: somos tierra y aliento; materia y espíritu. Somos criaturas físicas, nuestro cuerpo es parte integral de lo que somos. Sin embargo, no somos simplemente materia, porque el aliento de Dios nos anima a cada uno con un alma inmaterial. Este es uno de los principios fundamentales de una antropología cristiana: cada ser humano es una unidad de cuerpo y alma[1].

Entonces sucede algo inesperado, Dios mira a su creación, y en lugar de hacer eco del estribillo del Génesis 1,

---

[1] Para un relato conciso de la antropología cristiana, véase *El Catecismo de la Iglesia Católica*, 362–368 (en adelante citado como *CCE*).

dice las palabras opuestas por primera vez: no es bueno que este ser humano esté solo, único en su especie. El ser humano necesita una contraparte, una compañía. Así comienza uno de mis pasajes favoritos: el desfile de animales. Dios se ocupa de dar forma y moldear todo tipo de criaturas y presentar cada una ante el humano para «ver cómo las llamaría»[2]. Hay algo divertido en esta imagen: aquí viene Dios con un mono, una oveja, una ardilla, un loro; el Adam lo examina, sacude la cabeza, declara un nombre, y el extraño desfile continúa, como si Dios y el Adam estuvieran jugando un prolongado juego de memoria, pero las cartas nunca coinciden.

Eventualmente, Dios vuelve a la mesa de dibujo. Es hora de un nuevo rumbo, Él pone al humano en un sueño profundo, y de una de sus costillas, Dios forma a la primera mujer y la presenta al Adam. Juan Pablo II lee este sueño como un retorno al no ser: Dios saca al primer ser humano de la existencia por completo y trae dos nuevos seres a la existencia: el varón y la mujer[3]. Él reemplaza la humanidad solitaria y no sexuada con una humanidad que se diferencia en dos modos de ser humano.

El Adam, que ahora puede ser llamado apropiadamente varón, lanza un grito de asombro al ver a la mujer por primera vez: «¡Por fin!». Escucha el deleite y el alivio en esas dos palabras: «¡Por fin!». Inmediatamente reconoce, en la declaración silenciosa del cuerpo de ella; que ella es como él, más que cualquier otra criatura terrenal, y no igual a él. Su diferencia es complementaria y asimétrica; esta no es la imagen de un espejo o un polo opuesto. Ella

---

[2] Génesis 2,19.

[3] JUAN PABLO II, *El relato bíblico de la creación de la mujer*, audiencia general. 7 de noviembre de 1979.

se parece a él en su humanidad compartida, «hueso de mis huesos y carne de mi carne», pero difiere de su humanidad en la forma femenina. El Génesis afirma un equilibrio de igualdad y diferencia éntre los sexos. Este es un delicado equilibrio que es difícil, pero necesario, de mantener. La mayoría de las teorías de género pierden este equilibrio, virando hacia extremos de uniformidad (varones y mujeres son intercambiables) o de polaridad (los hombres son de Marte, las mujeres son de Venus). Ambos extremos pierden la relación fructífera expresada aquí en el Génesis.

El acto inicial del segundo relato podría leerse como una historia del origen de la diferencia sexual, proclamando que nuestras identidades como varón y mujer importan; tienen un significado sagrado y ocupan un lugar prominente en esta cosmovisión. Para proporcionar otro ejemplo que contrasta desde el mundo antiguo, el Timeo de Platón, una cosmología filosófica, solo menciona a las mujeres al final de un extenso recorrido por el cosmos. Cuando el Timeo los menciona, queda claro que todo lo dicho anteriormente en el texto sobre los seres humanos se ha aplicado solo a los varones, porque no hay mujeres en la primera generación de la humanidad. Según el Timeo, los varones que viven vidas cobardes e injustas renacen como mujeres u otros tipos de animales. La diferencia sexual, entonces, no es una característica intencional del cosmos de Platón, sino un defecto, un error. Para Platón, cualquier diferencia debe clasificarse jerárquicamente; si los varones y las mujeres son diferentes, un sexo debe estar más cerca de lo divino que el otro. Todos los diálogos de Platón, de hecho, privilegian los lazos entre los varones, una característica común de muchos textos antiguos: piense en Gilgamesh y Enkidu, Aquiles y Patroclo, y el relato de Aristóteles sobre la amistad entre pares masculinos.

44

El Génesis, por el contrario, pone en primer plano la importancia de la relación varón y mujer, y esta no es una relación de dominación, sino de reciprocidad. No hay jerarquía de valor, no hay dinámica de superioridad e inferioridad. La diferenciación sexual no es un percance, sino un motivo de celebración y asombro. Esta diferencia es buena, nuestros cuerpos son buenos y son una parte integral del orden creado, que es bueno. El surgimiento del varón y la mujer desde el no ser, no es una nota al pie en la historia de nuestro origen: es la culminación trascendente.

Y hay más si profundizamos, en Génesis 2 se enfatiza otro principio vital: el cuerpo revela a la persona. Nuestro cuerpo es la realidad visible a través de la cual manifestamos nuestra vida interior invisible. La existencia de cada persona es completamente irrepetible, y nuestra personalidad única solo puede darse a conocer a los demás, a través de nuestra encarnación. Esta sacramentalidad se manifiesta en el reconocimiento inmediato de la mujer por parte del varón. Todavía no han hablado, ella no se ha presentado verbalmente. Su cuerpo dice la verdad de su identidad, y esta verdad es inmediatamente reconocida por el varón, que se sorprende de alegría y asombro ante la revelación de una persona con la que puede, ¡por fin!, tener verdadera comunión. Nuestros cuerpos, entonces, cumplen una función sacramental, revelando y comunicando una realidad espiritual. Para usar las palabras de Juan Pablo II, «el cuerpo, y solo el cuerpo, es capaz de hacer visible lo que es invisible: lo espiritual y lo divino. Ha sido creado para transferir a la realidad visible del mundo, el misterio oculto desde la eternidad en Dios, y así ser un signo de ello»[4].

------

[4] JUAN PABLO II, *Hombre y mujer los creó. Catequesis sobre el amor humano.* Ediciones Cristiandad, Madrid 2017, pp.143-144.

No es bueno para el humano estar solo. Este espacio en el orden creado no se llena con la creación de más seres humanos genéricos o por un vínculo masculino, sino por la diferenciación sexual. La diferencia sexual es un tipo particular de diferencia porque está orientada a propósito para corresponder a la diferencia del otro. No estamos hablando aquí de diferencias superficiales, como el color del cabello o los ojos. Estamos hablando de un cuerpo que está diseñado para corresponder a otro tipo de cuerpo de una manera completamente única. La masculinidad apunta hacia la feminidad, y viceversa. Nuestro cuerpo sexuado señala nuestra capacidad inherente y la necesidad de comunión interpersonal.

Hay todo tipo de diferencias entre los seres humanos: diferencias de estatura, temperamento, dones, complexión. Estas diferencias pueden ayudar a crear relaciones y comunidades fructíferas y vibrantes. Solo la diferencia sexual, sin embargo, es capaz de traer a otro ser humano a la existencia. La unión en una sola carne entre el varón y la mujer no es exclusiva hacia adentro y cerrada a los demás. Por el contrario, es expansiva y abierta, porque esta unión por sí sola tiene el potencial de crear una nueva vida. Comunión y procreación: este es el doble potencial que se reconoce y celebra en el texto del Génesis a través del grito de asombro del varón.

Nuestro cuerpo proclama simultáneamente nuestra personalidad individual y nuestra capacidad de relación. Juan Pablo II, en su interpretación del Génesis, se refiere a esto como «el significado esponsal del cuerpo»[5]. Esto no indica una realidad meramente biológica, sino que

---

[5] JUAN PABLO II, *Hombre y mujer los creó. Catequesis sobre el amor humano*. Ediciones Cristiandad, Madrid 2017, p 212.

incluye y se expande más allá de la capacidad de procrear. El completo significado esponsal del cuerpo, evidente por nuestras características sexuales visibles, es el poder de expresar amor, de entregarse totalmente por amor a otro. Este es el verdadero *telos* o propósito del ser humano: convertirse en un don recíproco, dar amor y recibirlo a su vez. En nuestra condición original, esta donación es completamente libre, no está limitada o distorsionada por el egoísmo o la dominación. Es por eso que el varón y la mujer son inicialmente capaces de estar desnudos uno ante el otro sin vergüenza. Esto señala su libertad interior, su amor recíproco que está libre de corrupción.

Antes de pasar de esta discusión sobre el varón y la mujer en su condición original (alerta de spoiler: las cosas rápidamente salen mal), quiero hacer una precisión final sobre el lenguaje. Ambos relatos del Génesis representan una relación particular entre el lenguaje y la realidad. En el primero, Dios usa el lenguaje para crear el cosmos ex nihilo: Él extrae el orden y el ser de la nada. En el segundo relato, el hombre usa el lenguaje para nombrar lo que Dios crea. El lenguaje divino crea la realidad, el lenguaje humano identifica la realidad.

En el desfile de animales, el acto del hombre de nombrar no impone significado, sino que reconoce un significado que objetivamente existe. Dios crea el animal y lo presenta al hombre, quien discierne su naturaleza distinta y otorga un nombre que proclama esa naturaleza. Esta dinámica es más obvia cuando nombra a la mujer. El varón reconoce que la mujer comparte su naturaleza, pero en una manera distinta a la suya. Ella es simultáneamente como él y diferente a él. El varón elige una palabra que corresponde a esa doble realidad: *ishshah* «mujer», una palabra que incluye *ish* «varón», mientras agrega algo nuevo.

Estos términos, varón y mujer, aparecen por primera vez en el texto durante este encuentro eminente. Antes de este momento, al varón se le llamaba *ādām*. Este es, un momento de reconocimiento mutuo; el varón está nombrando a la mujer y renombrándose a sí mismo; es a través del encuentro con la naturaleza de ella que él es capaz de comprender verdaderamente la suya. A lo largo de este relato, nombrar se representa como una respuesta lingüística a lo que se está nombrando. La realidad existe antes de que la nombremos, y nuestro lenguaje es verdadero y significativo cuando corresponde a lo que existe.

La comprensión del lenguaje plasmada en el Génesis contrasta marcadamente con la visión que domina los debates actuales sobre el género. La mayoría de las teorías de género sostienen que lo que pensamos como «realidad» es una construcción lingüística y social. Nuestro uso de las palabras «mujer» y «varón», según esta teoría, crea la ilusión de que el sexo es binario (discutiremos esta perspectiva con más detalle en capítulos posteriores). Por ahora, simplemente quiero señalar que la visión construccionista del lenguaje es completamente opuesta a la visión de comunión del Génesis. En esta historia del origen divinamente revelada, nuestro lenguaje no proyecta el significado en las cosas. Más bien, el significado existe intrínsecamente en lo que Dios crea. Además, este significado es evidente para nosotros, y el lenguaje es una impronta de la imagen de Dios en nosotros, que permite a los seres humanos proclamar ese significado inherente.

Hasta ahora, la cosmología del Génesis nos ha dado una imagen real de la humanidad en nuestra condición original. Somos parte de un orden creado, un todo armonioso, que es creado y conservado en existencia por un amoroso Creador. Somos la unión de cuerpo y espíritu;

nuestro cuerpo es una parte integral de nuestra identidad que nos conecta con el orden creado y sirve como un puente entre nuestro ser más íntimo y el mundo exterior, y es un signo sacramental del misterio oculto de Dios. Tanto el varón como la mujer están hechos a imagen de Dios, y nuestra diferencia sexual es parte de la bondad del orden creado, lo que indica que estamos hechos para un amor reciproco.

Se nos ha concedido una participación en el divino poder del lenguaje para hacer palabras que revelen la verdad sobre nosotros mismos y nuestro mundo.

Armonía, orden, comunión: estas son las características clave de nuestro estado antes de la caída. Pero hemos llegado a un punto de inflexión en la narrativa; la relación equilibrada entre el varón y la mujer está a punto de sufrir una transformación radical. En la naturaleza humana hay una clara ruptura entre su estado original y la corrupción por el pecado. El Génesis aborda ambas dimensiones de nuestro origen e identidad: como fuimos creados y en quién nos hemos convertido.

Cisma original

Las mejores mentiras no son falacias absolutas, sino aquellas distorsiones sutiles de la verdad. Las tentaciones más efectivas son aquellas que se apoderan de un deseo genuino de algo bueno y tuercen ese deseo hacia un falso o menor bien. Así pasa con la mujer y la serpiente. «Serás como Dios», promete. Estas palabras la alejan del reconocimiento de su semejanza con Dios; ella es una imagen viva y limpia de Dios en el mundo visible. Las palabras de la serpiente, como escribe Juan Pablo II, hacen brotar dudas en el corazón humano, dudas sobre «la bondad del don»: el don de la creación, el don de nuestro cuerpo, el don de la gracia divina que nos eleva de un estado puramente natural y a una dinámica de comunión con Dios[6].

A veces este momento se describe como el momento en que «el pecado entró en el mundo». Esta redacción hace que el pecado suene como una sustancia, como una especie de alquitrán metafísico que cubre y mancha el alma. Pero el pecado no es un algo; es una nada, una ausencia. Es por eso que este momento se conoce como la Caída. Atanasio, un influyente padre y obispo de la Iglesia primitiva, proporciona una interpretación de la Caída en su tratado *Sobre la Encarnación del verbo*. Atanasio escribe que los seres humanos están hechos de materia, y por lo tanto somos finitos y propensos a la enfermedad, la decadencia y la muerte. Ese es nuestro estado natural. Debido a que Dios tuvo misericordia de nosotros y quiso que participáramos en su vida eterna, nos concedió al principio, «un don más», una «participación en el poder de su propia Palabra», para que pudiéramos «permanecer en bienaventuranza»[7]. Entonces, el estado original del varón y la mujer descrito en el Génesis, es sobrenatural; fueron sacados de su estado mortal por un don de la gracia divina. Cuando los primeros humanos rompieron la confianza en Dios, esta gracia se perdió, y la humanidad «cayó», quedando sujeta a la muerte. La caída no es una caída de nuestro estado natural en un estado más corrupto y antinatural: es una caída de lo que el Catecismo llama «la

---

[6] JUAN PABLO II, *Hombre y mujer los creó. Catequesis sobre el amor humano.* Ediciones Cristiandad, Madrid 2017, p. 186.
[7] SAINT ATHANASIUS, *On the Incarnation.* St Vladimir's Seminary Press, Yonkers, NY 2011, p. 52.

gracia de la santidad original»[8], una devolución a nuestra condición mortal.

Algunos intérpretes, quizás el más famoso es John Milton en *El paraíso perdido*, han hecho hincapié en el hecho de que la serpiente tienta a la mujer, usando esto como justificación para retratar a las mujeres como débiles y con un compromiso moral con relación a la entrada del pecado. Pero una interpretación católica tiene una visión a largo plazo, este relato se debe leer en el marco de la historia de la salvación. Desde esa perspectiva, se puede ver una similitud entre la narración de la Caída y la Anunciación, cuando María es abordada por un mensajero divino. Desde los primeros Padres de la Iglesia, los exegetas católicos han reconocido este paralelo entre Eva y María. La filósofa santa Edith Stein lo expresa de esta manera: «Así como la mujer fue la primera en ser tentada, así el mensaje de la Gracia de Dios vino primero a una mujer, y cada vez que la mujer asiente determina el destino de la humanidad como un todo»[9]. La tentación a la mujer no indica su debilidad, sino su influencia: el asentimiento de la mujer tiene el poder de moldear y remodelar a la humanidad.

La primera consecuencia de comer la fruta prohibida es una repentina conciencia de la desnudez y un impulso a esconderse uno del otro. Esto nos lleva al versículo final del segundo relato de la creación: «El varón y su mujer estaban desnudos y no sentían vergüenza». Algo se ha distorsionado, sus cuerpos desnudos que una vez fueron fuente de asombro y alegría, ahora provocan incomodidad y vergüenza. No solo el varón y la mujer se

---

[8] *CCE* 399.

[9] EDITH STEIN, *Essays on woman*. ICS Publications, Washington, D.C., 1987, p. 63.

esconden mutuamente; también se esconden de la presencia de Dios. El conflicto ha roto la armonía original, la vergüenza corrompió la intimidad original. El don de sí se ha convertido en autocancelación.

En sus escritos sobre la teología del cuerpo, Juan Pablo II extrae las muchas capas de significado que envuelven este relato. El repentino impulso de esconderse contrasta con la participación libre y plena del ser humano en el «mundo visible»[10] que se describe anteriormente en el texto. El varón y la mujer ahora buscan ocultar sus cuerpos sexualmente diferenciados, oscureciendo el simbolismo sacramental expresado por esa diferencia. Según Juan Pablo II, este momento es «el colapso de la aceptación original del cuerpo como signo de la persona en el mundo visible»[11]. Hemos perdido el sentido de la verdad: ver un cuerpo es ver a una persona, una persona hecha a imagen de Dios. Además, el varón y la mujer han perdido el significado de ser imagen de Dios, no solo en el otro sino en sí mismos. La vergüenza es un alejamiento, un «desapego del amor»[12]. La unión original del varón y la mujer, su «serena comunidad de amor», ha terminado[13].

Esta ruptura externa en la relación entre el varón y la mujer indica una ruptura interna en el ser mismo de la persona humana. El pecado ha fracturado el llamado a la unidad entre los sexos y también ha creado una fractura en la unidad original somática-espiritual del individuo, ahora hay una batalla interior que amenaza la totalidad de la persona humana. El cuerpo se convierte en un «nido de resistencia

---

[10] JUAN PABLO II, *Hombre y mujer*, p. 144, 191.
[11] JUAN PABLO II, *Hombre y mujer*, p. 242.
[12] JUAN PABLO II, *Hombre y mujer*, p. 135.
[13] EDITH STEIN, *Essays on woman*, p. 6.

52

contra el espíritu», ya no se siente parte integral del yo, sino algo que debe ser domesticado y controlado[14]. Este estado de conflicto interior es la concupiscencia, y provoca «dificultad para identificarse con el propio cuerpo», y también, diría yo, para reconocer la personalidad sagrada de otros cuerpos[15]. La concupiscencia despersonaliza a la persona humana, convirtiéndola en un objeto para el otro y para sí. El cuerpo en particular se vuelve un objeto, convirtiéndose en un «terreno de apropiación»[16].

Cuando Dios confronta al varón y a la mujer sobre lo que han hecho, la reacción de los dos es evasiva, echan la culpa a la otra parte, tuercen sutilmente la verdad como la serpiente. El lenguaje mismo ha sido pervertido, las palabras ahora se están utilizando para torcer y manipular la realidad, en lugar de revelar lo que es verdad. En el hebreo original, la respuesta del varón a la pregunta de Dios presenta una curiosa duplicidad del verbo: la mujer que me diste me dio el fruto y lo comí. Esta duplicación enfatiza la noción del don y rechaza sutilmente el don de la mujer, un regalo que el varón celebró de todo su corazón y con gozo unos pocos versículos antes. Su respuesta a Dios pone en duda la bondad de los dones de Dios, particularmente el don de la mujer, ya que la aceptación de la mujer a la serpiente refleja una desconfianza de la bondad original de su propia naturaleza.

Mientras que los intérpretes misóginos prefieren insistir en el papel de la mujer en la Caída, el texto sagrado se resiste a esta lectura, enfatizando una y otra vez la condición compartida del varón y la mujer. En el principio,

---

[14] JUAN PABLO II, *Hombre y mujer*, p.244.
[15] JUAN PABLO II, *Hombre y mujer*, p. 249.
[16] JUAN PABLO II, *Hombre y mujer*, p. 214.

ambos son creados a imagen de Dios; a ambos se les da dominio sobre la tierra y la misión de hacerla fructífera, ambos están desnudos y sin vergüenza. En la narración de la Caída, ambos están presentes para escuchar las palabras del tentador, ambos toman y comen la fruta, experimentan una repentina y vergonzosa conciencia de la desnudez, se esconden el uno del otro y de Dios, los dos tuercen la verdad para echar la culpa al otro y ambos sufren las consecuencias del pecado. El texto nunca pinta a un sexo como el villano o la víctima.

En medio de todo este reflejo, hay asimetrías significativas. La bondad original y el mal posterior se comparten plenamente, pero las consecuencias tienen diferentes implicaciones para cada sexo. A la mujer, Dios le dice: «Tu deseo será para tu marido, y él te dominará». La respuesta del varón al deseo de la mujer es subyugarla, «hace del otro a modo de objeto del propio deseo»[17]. La dinámica de comunión es desplazada por una dinámica de posesión, el amor mutuo entre las personas se convierte en un intercambio utilitarista entre persona y objeto. La descripción de Edith Stein de este nuevo orden es bastante directa: «La relación entre los sexos después de la Caída se ha convertido en una feroz relación de amo y esclavo [...] El varón la usa como un medio para lograr sus propios fines o para apaciguar su propia concupiscencia»[18]. Juan Pablo II escribe que «la relación del don se transforma en una relación de apropiación»[19], y aunque esta apropiación es mutua y no totalmente individual, sucede más a expensas de la mujer. Para Juan Pablo II, el varón tiene una

---

[17] JUAN PABLO II, *Hombre y mujer*, p. 207.

[18] STEIN, *Essays on woman*, p. 71.

[19] JUAN PABLO II, *Hombre y mujer*, p. 214-215.

responsabilidad especial como «guardián de la reciprocidad del don»[20]. Mantener el equilibrio del don se confía a ambos sexos, pero depende más del varón si el equilibrio se protege o se rompe.

Quiero subrayar que la dinámica de la dominación no es la intención de Dios para varones y mujeres, sino una distorsión consecuencia del pecado. Mientras que la serpiente y la tierra están explícitamente malditas, el varón y la mujer no. Las palabras de Dios aquí son una predicción, una descripción de las consecuencias al perder la gracia de la santidad original. La naturaleza humana está ahora marcada por la concupiscencia, un conflicto interno entre el cuerpo y el espíritu. La comprensión protestante considera la concupiscencia misma como pecaminosa, y la naturaleza humana después de la Caída como completamente pervertida. La visión católica es más optimista: nuestra naturaleza está herida, no completamente corrupta. El corazón humano es un «campo de batalla entre el amor y la concupiscencia»[21], pero la batalla no está perdida.

LA REDENCIÓN DEL DON

En el Evangelio de Mateo, cuando Jesús es interrogado por los fariseos sobre si el divorcio es permitido, hace referencia al Génesis, al orden original de la creación:

«¿No han leído que al principio el creador los hizo varón y mujer, y dijo: Por esta razón, abandona el hombre a su padre y a su madre y se une a su mujer, y los dos se

---

[20] JUAN PABLO II, *Hombre y mujer*, p. 216.
[21] JUAN PABLO II, *Hombre y mujer*, p. 286.

hacen una sola carne? Así que ya no son dos, sino uno»[22]. Los fariseos responden rápidamente que la ley mosaica admitía el divorcio, permitiendo a los hombres «apartar» a sus esposas por cualquier causa. Cristo establece una clara distinción entre esta ley, que es parte del orden corrompido por el pecado, y la intención original de Dios para varones y mujeres. En el orden caído, el pecado ha endurecido los corazones tanto de varones y mujeres, pero usando las mismas palabras de Cristo, «en el principio no fue así».

El giro de Cristo hacia el Génesis es un movimiento muy importante. No apela a la ley cuando se enfrenta a preguntas sobre cómo los varones y las mujeres deben relacionarse entre sí. Apela a la cosmovisión, a las narrativas sagradas del Génesis que dan cuenta de nuestra identidad y propósito como seres humanos. El Génesis habla la verdad sobre los varones y las mujeres, para lo que hemos sido creados. La encarnación de Cristo, su venida al mundo, marca el comienzo de un nuevo orden; el orden de la gracia y la redención, que busca restaurar lo que ha sido roto por el pecado. Cristo no nos envía a estructurar nuestras relaciones de acuerdo con nuestra «dureza de corazón»[23]. Vuelve nuestros ojos hacia el Génesis y nos exhorta, con la ayuda divina, a reclamar la bondad del orden creado, el don de nuestros cuerpos y de la tierra, y a cultivar de nuevo una dinámica de reciprocidad entre los sexos.

Cuando Edith Stein escribe sobre el ser humano, varón y mujer, se basa en el Génesis y los Evangelios para argumentar que «el Señor declaró rotundamente que el

---

[22] *Mateo* 19, 4–6.
[23] *Mateo* 19, 8.

nuevo reino de Dios traería un nuevo orden en la relación entre los sexos, es decir, pondría fin a la distorsión causada por la Caída y restauraría el orden original»[24]. La Sagrada Escritura, tomada en su conjunto, destaca tres estados de identidad y relación entre los sexos. Existe el orden original, descrito en los dos primeros capítulos del Génesis. En este orden, la diferencia sexual es entendida y experimentada como don, como fuente de fecundidad y amor. Hay un equilibrio dinámico entre la igualdad y la diferencia, el varón y la mujer tienen una misión compartida, para generar vida y gobernar la tierra. Una vez que el varón y la mujer rompen la alianza con Dios, una fractura atraviesa toda la creación: a través del centro de la persona humana, a través del vínculo entre el varón y la mujer, a través de la relación entre la humanidad y la tierra. En este orden caído, la persona humana está ahora en guerra consigo misma, y este conflicto interno explota, empujando el equilibrio entre los sexos a un péndulo oscilante de conflicto y dominación. La diferencia que existe, ya no se reconoce como don, se entiende como oposición. El orden redentor busca corregir esta oposición. Este orden comienza con el *fiat* de María para convertirse en la Madre de Dios encarnado.

Ella es la nueva Eva, su sí a Dios desenmaraña el nudo del no de Eva. El orden redentor se remonta al principio, para restaurar la justicia original de la creación a través del motor de la gracia. Esta tiene el poder de sanar nuestra naturaleza herida, de suavizar la dureza de nuestros corazones y de restaurar las alianzas rotas entre Dios y la humanidad y, entre la mujer y el varón.

---

[24] STEIN, *Essays on woman*, p. 63.

Vivimos ahora como exiliados, expulsados del Edén al desierto. En este desierto hay una continua «lucha entre los sexos, uno contra el otro mientras luchan por sus derechos, y al hacerlo, ya no parecen escuchar las voces de la naturaleza y de Dios»[25]. Nacemos en este orden caído, pero el reino de la redención permanece llamándonos y abierto para nosotros. El feminismo reconoce con razón que algo anda mal, que la relación entre varón y mujer se ha caracterizado continuamente por la dominación. Sin embargo, ciegas ante la dimensión de la gracia, las soluciones que ofrecen sus teorías están atrapadas en las fuerzas caídas del conflicto, en un continuo ejercicio de imposición a la fuerza sobre los demás.

Un enfoque cristiano es aquel que busca pasar del desierto del pecado al reino de la gracia, mientras permanece atento a la voz de la ley natural y de Dios. Esto significa tomar en serio el Génesis, considerándolo como un «mito verdadero», como una cosmología divinamente revelada que describe nuestro origen, para darnos un sentido perdurable de nuestra identidad y propósito como seres humanos, creados varón y mujer. Dentro de este orden redentor, podemos recuperar nuestro asombro y podemos reconocer de nuevo la abundancia del don: el don de nuestro cuerpo, el don de nuestra humanidad compartida y el don de nuestra diferencia sexual.

---

[25] STEIN, *Essays on woman*, p. 76.

OLAS

LA ÚLTIMA VEZ QUE ENSEÑÉ Teoría de género fue en el otoño de 2016, y lo hice de manera diferente, después de mi duro despertar el año anterior a este. En lugar de reunir una lista de lecturas dentro del canon de la teoría feminista y de género, estructuré el curso como una investigación de dos paradigmas: el paradigma cristiano y el paradigma de género. Asigné algunos filósofos cristianos de género como Elizabeth Fox-Genovese, Prudence Allen y Gertrud von le Fort, escritores que nunca aparecerían en una lista de lectura estándar de estudios de género. Para representar la perspectiva feminista, elegí figuras de gran influencia como Simone de Beauvoir y Judith Butler, cuyas ideas continúan impulsando la teoría feminista y de género en la actualidad. Traté de hacer que mis estudiantes vieran el paradigma de género desde la distancia, en lugar de entrar ciegamente en él, para poder ver sus premisas fundamentales.

Todo esto suena bien en teoría. En la práctica, las cosas fueron un poco confusas. La clase era una mezcla de ideólogos ardientes que ya habían huido del cristianismo hacia los confines de la teoría de género; un medio moderado que intentaba habitar tanto el cristianismo como el feminismo; y uno o dos cristianos devotos que querían entender de qué se trataba todo este escándalo. La franja radical fue de lejos, la más ruidosa, y la mayoría de nuestros seminarios se convirtieron en episodios de combate socrático, mientras yo trataba de mostrar sus supuestos y desentrañar sutiles contradicciones.

Esto resultó difícil porque mis estudiantes no estaban interesados en seguir una línea de argumentación. En cambio, giraban hábilmente desde un punto de conversación a otro, esquivando y alejándose de cualquier pregunta profunda. Una vez, durante una discusión sobre el aborto, estaba preguntando a los estudiantes si el aborto termina o no con la vida de un ser humano. Los radicales esquivaron esa pregunta por completo, pasando inmediatamente a la ofensiva, argumentando que los cristianos no tenían derecho a hacer juicios morales sobre el aborto, debido a la complicidad histórica del cristianismo en la guerra y la violencia. Si bien ese pronunciamiento ciertamente vale la pena discutirlo, no encajó en absoluto con el argumento que estábamos evaluando. Este fue un movimiento típico en esos seminarios, y nunca pude decir si fue una estrategia intencional o si estos estudiantes fueron realmente incapaces de seguir y evaluar una sola línea de razonamiento. De cualquier manera, interrumpió mi intento de desempeñar el papel de un plácido y noble Sócrates, empujando suavemente a sus ansiosos patitos estudiantiles hacia la verdad. La realidad era mucho más exasperante, como agitar un estanque turbio, tratando de atrapar una anguila con mis propias manos.

Sin embargo, hubo algunos momentos de ¡ajá! durante el semestre, donde un lanzamiento bien dirigido dio en el blanco y pude ver un destello de claridad en los ojos de mis estudiantes, un chispazo de discernimiento. Uno de ellos ocurrió durante una discusión sobre el feminismo cristiano. Les pregunté cuántos de ellos se identificaban como feministas cristianos y más de la mitad de la clase respondió afirmativamente. Luego pedí a esos estudiantes que definieran el feminismo cristiano; uno por uno lo hicieron, cada quien insistía sobre de la idea de que el varón y la mujer son iguales, algunos agregando la capa adicional del patriarcado. Cuando terminaron dije: «Interesante, pero ninguno de ustedes mencionó a Cristo». Los estudiantes intercambiaron algunas sonrisas culpables, reconocieron en ese instante, que no había nada particularmente *cristiano* en sus definiciones de feminismo. Esto confirmó mi hipótesis de trabajo, la sospecha en torno a la cual había estructurado el curso: el cristianismo y el feminismo operan a partir de diferentes supuestos fundamentales sobre la realidad, y la mayoría de las versiones del feminismo cristiano tienen sus raíces en la cosmovisión feminista en lugar que en la cristiana. El llamado «feminismo cristiano» es, la mayoría de veces, feminismo secular con un ligero glaseado de Jesús en la parte superior y una montura bíblica muy seleccionada.

Feminismo: una visión panorámica

El capítulo anterior exploró el dosel del paradigma cristiano, como se revela en nuestra historia originaria. Ahora, me gustaría comenzar el trabajo de explorar el paradigma de género describiendo su progenitor: el feminismo del siglo XX. Como se señaló en el capítulo inicial, el paradigma de género es la descendencia edípica *del feminismo*: descendencia porque es a través de la teoría feminista que el concepto de género se ha apoderado de nuestro imaginario cultural, y edípico porque, al igual que el asesinato de su propio padre por parte de Edipo, este concepto ha erosionado los cimientos mismos del feminismo, convirtiendo a la «mujer» en una identidad que puede ser apropiada libremente por el varón, independientemente de la realidad material.

Antes de comenzar, necesito hacer una concesión. Los lectores que están familiarizados con la teoría y la historia feminista estarán sentados dudosamente en este punto, preguntándose cómo voy a lograr esto, de qué forma voy a dar cuenta del «feminismo», como si hubiera un movimiento coherente para describir.

Esta es una crítica justa, porque es más exacto hablar de *feminismos*, en plural, que de feminismo monolítico. Hay variedades casi infinitas, una multitud de campos diferentes: feminismo liberal, feminismo marxista, feminismo psicoanalítico, feminismo postestructuralista, feminismo francés, feminismo negro, feminismo sexo-positivo, feminismo crítico de género, y la lista continúa. Esta diversidad facilita un movimiento retórico que comúnmente veo: desviar cualquier crítica al feminismo al encogerse de hombros y decir «ese no es feminismo *real*». Esta es una falacia de tipo «ningún escocés verdadero», utilizando la amplia gama de feminismos para esquivar cualquier crítica generalizada.

También escucho regularmente la frase «feminismo radical», que nunca está fija a ningún grupo. Algunos católicos consideran que cualquier feminista pro-aborto es «radical». En los estudios feministas, el término «feministas radicales» se refiere a las lesbianas separatistas de la década de 1970 que formaron comunas de solo mujeres para vivir independientemente de los varones. Para los activistas transgénero de hoy, cualquier persona que tenga sentido común y opine que un ser humano masculino no puede ser una mujer es «radical». En lugar de nombrar a un grupo específico dentro del feminismo, el «feminismo radical» aparentemente se ha convertido en una forma de señalar el tipo de feminismo que a uno no le gusta.

Para complicar aún más las cosas, no solo hay muchas versiones del feminismo dentro de la delgada porción en este momento en que vivimos, sino que hay aún más variedades cuando miramos el feminismo a lo largo del tiempo, desde principios del siglo XX hasta hoy.

El feminismo como término comenzó a circular por primera vez en Europa a finales del siglo XIX, cruzando el Atlántico en 1910. La historia del feminismo se caracteriza típicamente por tener varias «olas», con la primera ola erupciona el movimiento por el sufragio femenino. Antes de la primera ola, a las mujeres generalmente no se les concedía el derecho a votar, a poseer propiedades, a servir de jurados o ser testigos en los tribunales, a tener derechos de custodia sobre sus propios hijos, a presentarse a las elecciones o a asistir a la mayoría de los colegios y universidades.

En Estados Unidos, el movimiento por los derechos de las mujeres surgió del movimiento para abolir la esclavitud. Líderes prominentes como Elizabeth Cady Stanton, Susan B. Anthony y Sojourner Truth estuvieron activas en ambos movimientos, así como el ex esclavo Frederick Douglass, quien asistió a la primera convención de derechos de las mujeres en Seneca Falls, Nueva York, en 1848.

El feminismo temprano también tenía vínculos significativos con el Movimiento por la templanza para prohibir el alcohol. Las mujeres y los niños en esta época fueron las principales víctimas del desenfrenado abuso doméstico relacionado con el alcohol, y fue en torno a esta causa que las mujeres organizaron por primera vez grandes coaliciones, como la Unión cristiana de mujeres por la templanza. Sus esfuerzos para abogar por el cambio legislativo tuvieron éxito temporalmente durante trece años que duró la prohibición. La lucha por el sufragio femenino resultó aún más victoriosa, con la aprobación de la Decimonovena enmienda a la constitución en 1920, que garantizaba a las mujeres el derecho al voto.

Las feministas de la primera ola, en su mayor parte, no eran radicales ni revolucionarias. La mayoría eran esposas y madres de clase media, cristianas comprometidas que se oponían al aborto. Su objetivo no era derrocar o subvertir el sistema, sino obtener representación legal dentro de él. Después de lograr ese objetivo, el movimiento feminista se disolvió más o menos. No había, en este momento, la idea de un patriarcado omnipresente que necesitaba ser continuamente acusado. Es por eso que se describe que el movimiento feminista tiene «olas» distintas: hubo un largo intervalo de treinta años entre la aprobación de la Decimonovena enmienda y la segunda ola del feminismo, que estalló a fines de la década de 1960.

Durante este intervalo, ocurrió un evento importante: la Segunda Guerra Mundial. La mayoría de los varones sanos fueron reclutados como soldados, y en su ausencia, las mujeres apoyaron la guerra trabajando en fábricas y astilleros, así como realizando varias tareas en el Cuerpo Auxiliar de Mujeres del Ejército. Piensa en Rosie the Riveter, esa imagen icónica de una mujer con un pañuelo y overol de lunares, bajo el lema *We Can Do It!* Algo así como: ¡nosotras podemos hacerlo! En 1945, las mujeres constituían el 37 % de la fuerza laboral de los Estados

Unidos, y una cuarta parte de las mujeres casadas estaban empleadas fuera del hogar. Este fue un cambio cultural enorme, uno que resultaría imposible de revertir, incluso cuando terminara la guerra y los varones regresaran a casa.

En 1963, Betty Friedan escribió *La mística de la feminidad* (*The Feminine Mystique*), un libro que se convirtió en un catalizador para el resurgimiento del feminismo. El objetivo de Friedan era abrir la cortina de la brillante ama de casa dorada de la década de 1950 para exponer «el problema que no tiene nombre»: la profunda y apática infelicidad de las mujeres cuando se limitan a los roles domésticos. Este libro fue un éxito, y el movimiento de liberación de la mujer estalló, siendo uno de los muchos movimientos para el cambio social a fines de la década de 1960. El objetivo unificador de este movimiento no era solo la igualdad legal, sino una igualdad social y política más amplia, ya que las feministas de la segunda ola comenzaron a repensar activamente los roles de las mujeres dentro del hogar y en la fuerza laboral.

Una parte importante de este esfuerzo fue un marcado énfasis en la llamada «libertad reproductiva», es decir, el acceso ilimitado al control de la natalidad y al aborto. Las feministas de la primera ola generalmente se opusieron al aborto, no veían algún conflicto inherente entre sus derechos y los derechos de sus hijos por nacer. Inicialmente, las feministas de la segunda ola estaban divididas sobre el tema del aborto, hasta que la Asociación nacional para la derogación de la ley del aborto (NARAL) liderada por hombres, forjó una alianza con la recién formada Organización nacional de mujeres (NOW)[1]. Esta alianza entre

---

[1] BROWDER SUE ELLEN, *Subverted How I Helped the Sexual Revolution Hijack the Women's Movement*. Ignatius Press, San Francisco, 2015.

el feminismo y el movimiento pro-aborto demostraría ser duradera; el derecho al aborto a voluntad, *ad libitum*, es ahora el eje central e inamovible de la plataforma feminista dominante.

Según la mayoría de las versiones, esta segunda ola duró aproximadamente dos décadas, hasta que el movimiento feminista se convirtió en la «guerra de sexos» de la década de 1980, un conflicto interno entre las feministas que se oponían a la pornografía y la prostitución por considerarlas fuerzas de opresión femenina, y las feministas del «positivismo sexual» que las veían como prácticas liberadoras. La tercera ola del feminismo que surgió de este conflicto en la década de 1990 estaba igualmente preocupada por la política sexual y tendía a seguir la línea positiva del sexo, enfatizando la libertad sexual desinhibida. Durante esta ola, el consentimiento se convirtió en el único criterio para que el sexo se considerara lícito. Esto es, que si una mujer elige un acto sexual en particular, ese acto sexual es bueno, incluso si involucra prostitución, pornografía o sadomasoquismo. A principios de la década de 1990, el testimonio de Anita Hill puso sobre la mesa de una forma más amplia, el problema del acoso sexual en la cultura, subrayando la importancia del consentimiento femenino. En la academia, la teórica Judith Butler presentó su influyente noción del género, como una «actuación» o *performance* socialmente obligada. Esta idea se permeó rápidamente a la cultura popular, y de hecho hay algo conscientemente vanguardista y de *performance* o puesta en escena, en el feminismo de la tercera ola: piensa en la música punk de Riot Grrrl y la marcha de las putas *SlutWalk*. El énfasis en la elección individual y la libertad es algo clave del feminismo de la tercera ola, que tendió a adoptar una sensibilidad posmoderna, enfatizando la diversidad entre las mujeres e irónicamente jugando con las normas y expectativas de género.

Con el cambio de milenio, el movimiento feminista migró a la virtualidad, ganando prominencia a través de populares blogs y redes sociales. Esto reformó el feminismo una vez más, en lo que muchos llaman una cuarta ola comenzando alrededor de 2012. Uno puede ver en esta nueva iteración una creciente ambivalencia hacia la licencia sexual desenfrenada, una conciencia emergente de que las mujeres pueden ser maltratadas incluso dentro de los límites de lo que es técnicamente consensual. *#MeToo* y *#BelieveAllWomen* son etiquetas del feminismo de la cuarta ola. Esta ola intensificó muchas características de la tercera ola, como un enfoque en la diversidad y la intersección de diversas formas de opresión, particularmente el racismo y el sexismo. Abrazando aún más la pluralidad del género, el feminismo de la cuarta ola dio el paso sin precedentes de rechazar la idea de que una «mujer», por definición, es una mujer biológica. Este movimiento habría sido inconcebible en la primera y segunda ola del feminismo. Si el feminismo de la tercera ola tenía un ambiente rebelde, libertario y anticensura, las feministas de la cuarta ola van en la dirección opuesta, vigilando y estableciendo códigos de comportamiento y discurso, diseñados para reflejar las últimas tendencias de género.

Aquí estamos, flotando en la estela de la cuarta ola. Aunque, para ser honesta, a estas alturas la metáfora se ha roto. Ya no tenemos un movimiento que sube y baja, con interludios entre distintas olas. Tenemos un océano turbulento, alimentado por numerosos afluentes, como Tiamat, la revoltosa diosa del mar del Enuma Elish, y su progenie llena de disputas.

Con ese esbozo de la historia feminista de fondo, me gustaría mirar más de cerca a tres prominentes corrientes filosóficas que dieron lugar al paradigma de género. Estoy particularmente interesada en las ideas que animan el feminismo pop: el feminismo de los memes, las redes sociales y la conversación cotidiana. No intentaré hacer un recorrido exhaustivo por los rincones enigmáticos del feminismo de la torre de marfil. Más bien, quiero rastrear varias corrientes que se han filtrado en la retórica popular y ahora dan forma a nuestras nociones culturales de género. Cada una de estas corrientes, refleja una cosmovisión implícita, una comprensión particular de la realidad, la persona humana y lo que significa ser libre.

Feminismo existencialista

En mi lectura del feminismo estadounidense, Simone de Beauvoir ocupa un lugar destacado. Eso puede parecer extraño, teniendo en cuenta que de Beauvoir no es estadounidense en absoluto, sino francesa; y su obra más famosa, *El segundo sexo*, fue escrita en 1949, un período relativamente tranquilo para el feminismo, durante ese largo intervalo entre la primera y la segunda ola. Aun así, de Beauvoir fue la primera filósofa en dar cuenta de la dominación masculina que impregna todas las esferas de la vida y el pensamiento humano. El concepto mismo de «mujer», se figura como un objeto, esclavo o un «otro» para el varón, y los seres humanos femeninos son socializados desde el nacimiento, para ajustarse a esta comprensión de la feminidad. Esta idea está detrás de su conocida frase: «Uno no nace mujer, sino que llega

68

a serlo»[2]. Esa afirmación es la semilla de mostaza de la teoría de género.

El libro *El segundo sexo* es el intento de De Beauvoir de dar cuenta de cómo surgió la idea de la mujer como «un otro», y el resultado es un amplio tratado de ochocientas páginas que se basa en una selección sesgada de filosofía, biología, historia, antropología, psicoanálisis, religión y literatura. Este libro tuvo una profunda influencia en Betty Friedan, cuyo propio *bestseller* encendió el fuego del movimiento de mujeres de la década de 1960. A través de Friedan, el relato de De Beauvoir sobre la domesticidad y la biología femenina como dominios de esclavitud, dio forma a la ideología y los objetivos del feminismo de la segunda ola y, continúa enmarcando el enfoque feminista del aborto y la maternidad en la actualidad.

A veces, es difícil discernir si De Beauvoir está escribiendo en un modo descriptivo o preceptivo, pero incluso sus descripciones están cargadas de juicios de valor y explícitamente basadas en un marco existencialista, que establece en su introducción. El existencialismo, una escuela de filosofía que recibe su nombre de una de sus afirmaciones centrales: *la existencia precede a la esencia*. La esencia, en el lenguaje filosófico, se refiere al «qué» de una cosa, una naturaleza estable que define lo que algo es. En el capítulo anterior, discutimos la visión cristiana de la persona humana como una unidad cuerpo-alma, una comprensión de lo que *es esencialmente un ser humano*. Las discusiones sobre la «naturaleza humana» son implícitamente esencialistas, porque se ocupan de definir una esencia compartida y subyacente común a todos los seres

---

² De Beauvoir Simone, *The Second Sex*. Vintage, Nueva York 2011, p. 283.

humanos. La posición filosófica tradicional es que la *esencia precede a la existencia*. En otras palabras, lo que un ser humano *es* en su propia naturaleza es anterior al hecho de mi existencia particular. El existencialismo invierte esto: no soy un ser humano por el solo hecho de existir; debo *convertirme en* un ser humano a través de mi acción creativa en el mundo. La humanidad se convierte en algo que logro, en lugar de algo que se me da.

En la versión del existencialismo de De Beauvoir, un ser humano es una «libertad autónoma» que está en tensión con su «facticidad», su condición material y finita[3]. El ser humano habita así una «ambigüedad de la existencia», atrapado en un «drama de carne y espíritu, de finitud y trascendencia»[4]. Cuando leo a De Beauvoir, me acuerdo de los antiguos filósofos estoicos, que veían a los seres humanos como emanaciones de lo divino atrapadas en las prisiones carnales de los cuerpos. La muerte, entonces, es un escape, un retorno al *pneuma* divino, el Dios-Alma que impregna el cosmos. El existencialismo de De Beauvoir, sin embargo, es ateo. No hay *pneuma*, ni Dios, ni emanación. No soy un alma o una chispa divina atrapada en un cuerpo; soy una conciencia infinita limitada por mis circunstancias biológicas y materiales. Cuando De Beauvoir se refiere a la trascendencia, no está aludiendo a Dios, sino hablando de la capacidad de los seres humanos para trascender los hechos brutos de su existencia, a través de la acción creativa. No ejercer esta capacidad de trascendencia es caer en la inmanencia, renunciar a nuestra libertad y someternos a nuestra facticidad como seres físicos. Si consentimos esta «caída» de la trascendencia a la inmanencia, es

---

[3] DE BEAUVOIR, *El segundo sexo.* p. 16–17.
[4] DE BEAUVOIR, *El segundo sexo.* p. 763.

70

una falla moral. Si infligimos tal caída a otra persona, esto es opresión. De Beauvoir considera que cada uno es un «mal absoluto»[5].

Para De Beauvoir, no existe tal cosa como la naturaleza humana, solo la condición humana, ese estado de tensión o ambigüedad entre trascendencia e inmanencia. No hay un significado intrínseco para el mundo o para nuestras vidas. El significado debe ser hecho, no se puede encontrar simplemente. Depende de nosotros justificar nuestra existencia, darle un propósito. No somos creados, más bien, nos creamos a nosotros mismos, y no asumir este trabajo de autocreación es una transgresión moral. Para ser claros, esto no es el relativismo perezoso y libertino de «¡haz lo que te haga feliz!». De Beauvoir afirma explícitamente que no le preocupa lo que hará felices a las mujeres, sino lo que las hará libres[6].

Leer *El segundo sexo* es una experiencia extraña. Me encuentro asintiendo con la cabeza de acuerdo y luego, un párrafo más tarde, sacudiendo la cabeza con incredulidad, como cuando sugiere que el vómito durante el embarazo indica el rechazo inconsciente de una mujer a su hijo. En todos sus relatos de las diversas etapas de la vida de una mujer (infancia, pubertad, adolescencia, matrimonio, embarazo, maternidad), se centra en lo negativo, lo ambivalente, lo patológico. Si bien ciertamente puede haber un lado oscuro en todas estas etapas, no puedo evitar la impresión de que ella odia ser mujer. Tiene razón en que lo que tradicionalmente es masculino ha sido valorado consistentemente más que lo que se asocia con lo femenino. Desafortunadamente, su cosmovisión perpetúa este mismo error.

---

[5] DE BEAUVOIR, *El segundo sexo*. p. 16
[6] DE BEAUVOIR, *El segundo sexo*. p. 17.

Debido a que De Beauvoir establece la facticidad en desacuerdo con la libertad, y la inmanencia en oposición a la trascendencia, las mujeres son oprimidas no solo por las fuerzas sociales, sino por su biología. Así describe el estado natural de la mujer: «Dar a luz y amamantar no son actividades sino funciones naturales; no implican un proyecto, por lo que la mujer no encuentra ningún motivo para reclamar un significado superior para su existencia; ella se somete pasivamente a su destino biológico»[7]. Ahora lee su descripción del varón primitivo: «El caso del varón es radicalmente diferente. Él no provee para el grupo en la forma en que lo hacen las abejas obreras, por un simple proceso vital, sino más bien por actos que trascienden su condición animal»[8]. Estas son las frases que usa para caracterizar el trabajo de las mujeres en este pasaje: «Condenadas, encerradas en la repetición y la inmanencia, no producen nada nuevo, presa de la especie, remachadas en su cuerpo como el animal. Compáralos con su relato más vigoroso del trabajo del varón: expande su alcance, conquista, construye, se apropia, anexa; a través de tales acciones prueba su propio poder; postula; se realiza a sí mismo; abre el futuro»[9]. Ella continúa haciendo la extraña afirmación de que el peligro inherente de la actividad del varón lo dota de una dignidad suprema, porque no es «al dar vida sino al arriesgar su vida que el varón se eleva por encima del animal»[10]. Ella desconoce por completo el hecho de que el parto en sí mismo es peligroso; dar vida y arriesgar la vida, a lo largo de la historia, también han ido de la mano para las mujeres.

---

[7] DE BEAUVOIR, *El segundo sexo.* p. 73.

[8] DE BEAUVOIR, *El segundo sexo.*

[9] DE BEAUVOIR, *El segundo sexo.* p. 73–74.

[10] DE BEAUVOIR, *El segundo sexo.* p. 74.

Esta inclinación hacia lo masculino y lejos de lo femenino permanece consistente a lo largo de todo el libro. Si tuviera que resumir *El segundo sexo* como una analogía de relación, sería así: masculino es a la trascendencia como femenino es a la inmanencia. Puedo imaginar que tratar de pescar con lanza o curtir la piel o arar un surco rocoso a veces puede ser un trabajo bastante repetitivo e incluso inútil. Sin embargo, es solo el trabajo doméstico lo que describe de esta manera, mientras a la acción masculina le da un gran valor. Además, este sesgo no es accidental, es una característica de su visión del mundo. Ella escribe que una mujer «encuentra la confirmación de las reivindicaciones masculinas en el centro de su ser» y que «aspira y reconoce los valores alcanzados concretamente por el varón»[11].

El relato de Simone De Beauvoir sobre la condición humana pone a la mujer necesariamente en guerra consigo misma, con su realidad encarnada. La mujer en este paradigma es un absurdo; es una libertad autónoma atrapada en un cuerpo que está diseñado para albergar a otro. Su única esperanza es luchar contra su facticidad, y siempre llegar a ser lo más parecida posible a un varón. Para que una mujer se cree a sí misma, debe repudiarse. Debe reconocer lo femenino como carente de significado y dirigir su mirada, sus aspiraciones, hacia el ideal masculino.

De Beauvoir centra el significado de la vida en el trabajo y la producción. Debido a que el embarazo, el parto y la lactancia materna son todas funciones naturales, estas no pueden facilitar la trascendencia; una mujer no puede trascender su facticidad a través de la maternidad a un plano de significado superior. El varón, en cambio,

---

[11] De Beauvoir, *El segundo sexo.* p. 74.

es un individuo autónomo y completo, porque es un productor: «Su existencia está justificada por el trabajo que proporciona»[12]. Ella es explícita en que «el trabajo por sí solo puede garantizar la libertad concreta [de la mujer]»[13]. Es difícil leer esa línea y no escuchar un eco fugaz: El trabajo te hará libre *Arbeit macht frei*, el eslogan nazi grabado en la puerta de entrada a Auschwitz.

De Beauvoir, sin embargo, no está defendiendo la agitada vida de la gran gerente que tiende a dedicar largas horas al trabajo, constantemente haciendo malabarismos entre una carrera de alto nivel con poca vida familiar. Ella asume el ideal moderno de «tenerlo todo» en su capítulo sobre la mujer independiente de su época, con ideas que continúan sonando como verdaderas casi un siglo después. Según ella, la mujer moderna no es libre, sino dividida. Ella es incapaz de escapar de las demandas del mundo femenino, incluso mientras compite para tener éxito en el mundo masculino. Tiene que vivir como un varón y como una mujer, y «su carga de trabajo y su fatiga se multiplican como resultado»[14]. De Beauvoir es completamente pesimista acerca de combinar la maternidad y una carrera, «incluso un niño es suficiente para paralizar por completo la actividad de una mujer»[15].

Poco después de terminar mi doctorado, me acerqué a quien fuera mi profesora, preguntándole cómo logró tener una carrera académica exitosa y varios bebés. Todavía yo no era madre, y la perspectiva de equilibrar eso con la academia parecía desalentadora. El consejo de la

---

[12] DE BEAUVOIR, *El segundo sexo.* p. 440.
[13] DE BEAUVOIR, *El segundo sexo.* p. 721.
[14] DE BEAUVOIR, *El segundo sexo.* p. 725.
[15] DE BEAUVOIR, *El segundo sexo.* p. 735.

profesora fue simple: cásate bien. Tener una pareja de apoyo lo es todo. «Ha sido una experiencia maravillosa para mí y una pesadilla para una amiga mía». ¿La diferencia? Tenía un marido que compartía el trabajo doméstico, y su amiga no. Este consejo ha demostrado ser cierto. En mi propio matrimonio, nunca ha habido la expectativa de que la crianza de los hijos y las tareas domésticas sean mi única responsabilidad como mujer, es nuestra vocación compartida como esposos. Nuestro lema matrimonial es un fragmento de la *Odisea* de Homero: «No hay regalo más fino y más grande en el mundo que ese, cuando el varón y la mujer poseen su hogar, dos mentes, dos corazones que trabajan como uno solo. Desesperación a sus enemigos, alegría a todos sus amigos. Su mejor reclamo a la gloria»[16].

Esta visión de una esfera doméstica compartida no es la solución defendida por De Beauvoir. Dentro de su marco existencialista, tal movimiento no haría libres a las mujeres, sino que más bien condenaría tanto a mujeres como a varones a la inmanencia, a un trabajo que simplemente repite y apoya la existencia en lugar de trascenderla. Para De Beauvoir, nada menos que una revolución marxista servirá. La verdadera igualdad no se puede lograr poco a poco, modificando una ley aquí o una costumbre allá: «El bosque debe plantarse de una vez»[17]. Dentro de este reino recién cultivado, una niña podría ser criada con «las mismas demandas y honores, la misma severidad y libertad, que sus hermanos varones». Ella demostraría «su valía en el trabajo y los deportes,

---

[16] HOMERO, *La Odisea*, trad. Robert Fagles. Penguin, Nueva York 1997, p. 174.

[17] DE BEAUVOIR, *El segundo sexo*. p. 761.

rivalizando activamente con los niños»[18]. Esta es su visión para la emancipación de la mujer, la «prometida», pero no realizada, por la revolución soviética:

> … las mujeres criadas y educadas exactamente igual que los hombres trabajarían en las mismas condiciones y por los mismos salarios; la libertad erótica sería aceptada por la costumbre… Las mujeres estarían *obligadas* a proporcionarse otro medio de vida; el matrimonio se basaría en un compromiso libre que los cónyuges podrían romper cuando quisieran; la maternidad sería elegida libremente, es decir, se permitiría el control de la natalidad y el aborto, y a cambio todas las madres y sus hijos tendrían los mismos derechos; la licencia de maternidad sería pagada por la sociedad que tendría la responsabilidad de los niños[19].

Estoy a favor de la licencia de maternidad remunerada, pero no puedo evitar preguntarme ¿quién estaría empleado con toda la monotonía doméstica en esos centros de cuidado infantil estatales? ¡No sería De Beauvoir, presumiblemente! Uno podría argumentar que De Beauvoir está tratando de abolir las esferas polarizadas de la masculinidad y la feminidad por completo, estableciendo una esfera neutral que no es ninguna de las dos. En cierto sentido, eso es cierto: su objetivo es un mundo andrógino. Ella argumenta que una vez que las niñas son adoptadas desde el nacimiento en la esfera masculina, esa esfera ya no será percibida como masculina, sino como «andrógina»[20]. Incluso en esta descripción final de su sociedad ideal, está claro que no son los varones los que están cambiando,

---

[18] DE BEAUVOIR, *El segundo sexo*. p. 761.
[19] DE BEAUVOIR, *El segundo sexo*. p. 761.
[20] DE BEAUVOIR, *El segundo sexo*. p. 761.

76

sino las mujeres. El estándar masculino permanece en su lugar, porque ahora que se conoce como androginia, las mujeres participan plenamente en él. Incluso si dejo que De Beauvoir tenga la última palabra, esa palabra reafirmará mi punto. Termina su largo tomo sobre la difícil situación de las mujeres con un llamado final a varones y mujeres a «afirmar inequívocamente su hermandad masculina (*brotherhood*)»[21].

Profundizaremos más en las ramificaciones de estas ideas en capítulos posteriores. Mi propósito aquí es resaltar la clave de la cosmovisión en juego, supuestos que continúan fluyendo a través de corrientes prominentes del feminismo casi ocho décadas después. Con frecuencia, la libertad para las mujeres se presenta como la liberación de la feminidad. La «autonomía» se concibe de acuerdo con los parámetros masculinos, y se espera que las mujeres utilicen medios químicos y quirúrgicos invasivos para ajustar sus cuerpos a ese ideal. Las mujeres no son valoradas simplemente por ser, deben demostrar su valor haciendo. Las acciones y actividades que son marcadas como laudables por la sociedad rara vez son las asociadas con la vida doméstica y la maternidad.

Si bien pocas feministas ahora afirmarían ser conscientemente existencialistas, yo diría que la comprensión de Simone de Beauvoir de la libertad y la autonomía continúa animando la posición feminista proaborto. Esa famosa frase en el caso *Planned Parenthood vs. Casey*, donde la decisión de la Corte Suprema de defender el aborto como un derecho, tiene claros matices existencialistas cuando afirma: «En el corazón de la libertad está el derecho a definir el propio concepto de existencia, de significado,

---

[21] DE BEAUVOIR, *El segundo sexo*. p. 766 (énfasis añadido).

del universo y del misterio de la vida humana». No se encuentra en esta declaración, que haya una entrega al mundo ante la cual somos responsables, que un ser humano no nacido pueda existir aunque no nos guste, y el hecho de esa existencia podría exigir una respuesta ética particular de nosotros. Atrás quedó la antigua visión donde el significado existe inherentemente en el mundo y puede ser reconocido por los seres humanos, se ha ido la comprensión de un florecimiento humano o eudaimonia que se logra viviendo de acuerdo con nuestra naturaleza. De hecho, ha desaparecido por completo la idea de la naturaleza humana. El único *telos* o propósito es una libertad sin límites, un viaje interminable de autocreación sin destino particular. El *telos* de uno es definir el *telos* de uno.

Feminismo posmoderno

Después de la «guerra de sexos» de la década de 1980, el feminismo dio un giro decididamente posmoderno y se precipita en esa dirección desde entonces. Una figura clave al frente de este cambio es la filósofa Judith Butler, cuyo trabajo se aleja de los estudios de la mujer para ir hacia los estudios de género. Los escritos de Butler han ganado prominencia canónica en la academia. Yo haría la apuesta libre de riesgos de que cada programa de estudios de género actualmente en existencia incluye el trabajo de Judith Butler. Es difícil sobreestimar su endiosada posición en el campo.

Recuerdo haber visto a Butler hablar en la Convención MLA 2008 en Los Ángeles, esto fue durante mi propio apogeo posmoderno. Yo estaba ocupada disertando y probando las mieles del mercado laboral académico por primera vez. Tan pronto como vi su nombre en el programa, prometí asistir a esa sesión, sintiendo la emoción de poder ver a Judith Butler con mis propios ojos, en carne y hueso.

La gran sala de convenciones estaba llena, y aseguré un lugar en la parte de atrás. Me sorprendió la pequeña estatura de Butler, un contraste con su estatus legendario. Llevaba un corte de pelo juvenil, peinado hacia un lado y una elegante chaqueta de cuero. Como es costumbre en las conferencias académicas, leyó de manera constante y precisa un ensayo preparado de antemano. Garabateé frenéticamente notas en un pequeño cuaderno verde, tratando de seguir el flujo constante de palabras que resonaban desde el podio. Recuerdo que pensé para mí mientras transcribía: *no tengo idea de lo que está hablando*. Esto debería haberme dado una pausa, pero no lo hizo. Simplemente recogí obedientemente sus palabras, asumiendo que su sagacidad estaba fuera de mi alcance, como nubes distantes que pasan por encima, y que luego tendría que meditar cuidadosamente en ellas para discernir su significado. Nunca dudé ni por un momento de que lo que ella estaba diciendo era extremadamente profundo e insuperable. En cambio, dudé de mí.

Para ser justos, Butler es brillante. Ella es un peso pesado intelectual, y su prosa es como una pared de ladrillos que el lector tiene que golpear con su cabeza para ver un camino. En 1998, Butler ganó infamemente el primer puesto en el Premio a la mala escritura, *Bad Writing Award* de la revista *Literature and Philosophy* por este escrito:

El movimiento desde una explicación estructuralista en la que se entiende que el capital estructura las relaciones sociales de manera relativamente homóloga hacia una visión de la hegemonía en la que las relaciones de poder están sujetas a repetición, convergencia y rearticulación trajo la cuestión de la temporalidad al pensamiento de la estructura, y marcó un cambio de una forma de teoría Althusseriana que toma las totalidades estructurales como objetos teóricos a una en la que las ideas sobre la posibilidad contingente de la estructura inauguran una concepción renovada de la hegemonía como ligada a los sitios contingentes y estrategias de la rearticulación del poder[22].

Me refiero a este ignominioso honor no para tomar un camino fácil, sino para hacer ver un punto: uno de los peligros de la teoría feminista y de género, es su inescrutabilidad. En mis años leyendo y enseñando los escritos de Butler, nunca he visto a un estudiante comprender correctamente todas las implicaciones de su argumento. Se aferran a aquellos aspectos que son inteligibles y concuerdan con sus experiencias, y sobre la base de esa confirmación mínima, abrazan el resto sin cuestionarlo. Esto crea un fenómeno que yo llamo «teoría de género por goteo»: la aceptación popular generalizada de ideas que surgen de una cosmovisión que la mayoría de las personas, particularmente la mayoría de los cristianos, rechazarían. Debido a que esa visión del mundo nunca se articula claramente, pasa sin ser vista.

Muchas de las suposiciones fundacionales de Butler ejercen una profunda influencia en la cultura popular actual, a menudo en formas diluidas y por goteo. Butler se apoya en muchas de las ideas afirmadas en *El segundo sexo*,

---

[22] *The World's Worst Writing*, The Guardian, 24 de diciembre de 1999, https://www.theguardian.com/books/1999/dec/24/news#:~:text=%22The%20move%20from%20a%20structuralist,of%20structure%2C%20and%20marked%20a.

ascendiendo a nuevos extremos. Ella está fuertemente influenciada por la filosofía existencialista, como lo demuestra su referencia tanto a De Beauvoir como a Jean-Paul Sartre en la primera página de su libro más famoso, *El género en disputa* (*Gender Trouble*). Cerca del final de *El segundo sexo*, De Beauvoir proclama: «Nada es natural»[23]. Para Butler, esa declaración es una premisa fundamental.

Cuando de Beauvoir escribe que uno no nace sino que se convierte en mujer, está abriendo una brecha entre «mujer» y «femenino», argumentando que «mujer» es una ficción social y cultural que se superpone a la realidad biológica de la feminidad. Ella escribe esto en la década de 1940, prefigurando el giro posmoderno. No pasó mucho tiempo para que un movimiento centrado en la hermandad de mujeres comenzara, poco a poco, desmantelando esa misma categoría. Desde la década de 1980, se ha dedicado mucho tiempo y tinta a la escritura feminista que rechaza la categoría estable de «mujer». Esta es una consecuencia directa del giro posmoderno, que conduce a un enigma interesante cuando la teoría feminista comienza a cortar con entusiasmo la rama en la que está parada.

En la década de 1990, Butler sube la apuesta, cuestionando también el concepto de «femenino»: el cual ya no parece ser una noción estable, su significado es tan problemático y variable como «mujer», escribe en *El género en disputa* (*Gender Trouble*)[24]. Con este movimiento, Butler extiende el vuelo feminista del esencialismo a una nueva frontera. De Beauvoir puede haber visto la feminidad en términos negativos e incluso patológicos, pero al menos

---

[23] DE BEAUVOIR, *El segundo sexo*. p. 761.

[24] BUTLER JUDITH, *Gender Trouble: Feminism and the Subversion of Identity*. Routledge, Nueva York 1990, ix.

lo tomó en serio como una «facticidad» que fundamenta y circunscribe la vida de las mujeres. Butler, por el contrario, no lo hace. Esto se debe a que su objetivo principal como teórica es desmantelar la normalización de las relaciones heterosexuales: la tendencia a ver la relación sexual masculina y femenina como normal y natural, que en teoría se llama heteronormatividad. La idea de que la humanidad está dividida en dos sexos que son biológicamente complementarios es, para Butler, una ficción social más que una cuestión fáctica. ¿Cómo llega a esa conclusión, que va en contra tanto del sentido común como del consenso científico? En una palabra: Foucault.

La clave para comprender a Judith Butler está en conocer su dependencia de la filosofía posmoderna de Michel Foucault. Puede ser que en este punto, algunos de mis lectores sientan que les estoy mostrando una serie innecesariamente compleja de *Matrioskas* teóricas: *abre la muñeca Butler y dentro* encuentras a… *¡Foucault!* En realidad, corro el riesgo de simplificar demasiado las cosas, porque si el trabajo de Butler fuera una muñeca Matrioska, encontrarías docenas de pequeños muñecos bebés franceses dentro: Foucault, de Beauvoir, y también Derrida, Lacan, Irigaray, Kristeva, Wittig. Me saltaré la genealogía exhaustiva y me centraré en Foucault, porque él quien está detrás de la cortina de la política identitaria de hoy. Yo diría que la mayoría de los adherentes del paradigma de género han adoptado involuntariamente una cosmovisión foucaultiana de facto, heredada, a través del goteo de Judith Butler.

Veamos un pasaje de su libro *Deshacer el género* (*Undoing Gender*):

La cuestión de quién y qué se considera real y verdadero es aparentemente una cuestión de conocimiento. Pero también es, como deja claro Michel Foucault, una cuestión de poder. Tener o soportar «verdad» y «realidad» es una prerrogativa enormemente poderosa dentro del mundo social, una forma en que el poder se disimula como ontología[25].

El poder se disimula como ontología. La ontología se refiere a la filosofía del ser, de lo que existe. Lo que Butler está diciendo aquí es que lo que percibimos como «real» es una ficción creada y reforzada por el poder institucional. En la perspectiva posmoderna, la verdad está suspendida en el aire como incognoscible (o inexistente). Todo lo que queda es el poder. Entonces, el conocimiento no es una cuestión de discernir o reconocer lo que es verdadero, porque la «verdad» misma es una construcción de poder. Foucault utiliza el término «el poder del conocimiento» para encapsular esta idea, un término recogido por Butler.

La contribución más famosa de Butler a los estudios de género es su concepto de género como *performance o* actuación. En 1988, lanza la teoría de que lo que percibimos como género es en realidad una actuación inconsciente y socialmente obligada que crea la ilusión de una esencia[26]. Desde el nacimiento, los seres humanos se clasifican por género y se les dan guiones sociales separados, por así decirlo. La promulgación continua de esos guiones mantiene la ilusión de que esas categorías son reales, en lugar de construcciones sociales.

Los estudiantes tienden a aferrarse a su idea de «la performatividad de género», porque hay un sentido en el que

---

[25] BUTLER JUDITH, *Undoing Gender.* Routledge, Nueva York 2004, p. 27.

[26] BUTLER JUDITH, *Performative Acts and Gender Constitution: An Essay in Phenomenology and Feminist Theory*, Theatre Journal 40, no. 4 1988, p. 519-3 1.

es cierto. La mayoría de las personas han tenido la experiencia de jugar con su masculinidad o feminidad para ajustarse a los estereotipos sexuales. Ciertamente hay una arbitrariedad básica en algunas de las señales visibles de la diferencia sexual en términos de peinados y ropa, que varían de una cultura a otra. Hay un sentido en el que todos nosotros representamos y encarnamos, nuestra identidad sexuada. Lo que a los estudiantes más les cuesta ver es que Butler está argumentando algo mucho más radical. Ella está diciendo que la identidad sexuada es *solo* una actuación, que no hay una mujer o un varón «real» debajo de las diversas expresiones culturales; las cuales en sí mismas no hacen más que crear la ilusión de que existen varones y mujeres.

Ahora, Butler no niega que existan diferencias biológicas de sexo. Más bien, ella está argumentando que cualquier categorización o significado que atribuyamos a esas diferencias es una cuestión de poder, no de verdad. No hay una buena razón, en su opinión, para verlas más importantes que las diferencias de color de cabello u ojos. Para ella, el cuerpo existe, pero como una pizarra en blanco, desprovisto de su propio significado, sobre el cual se graban las normas sociales.

Las teorías de Butler, como toda teoría feminista, tiene una arista política. Reconocer que el género es una ficción permite a las personas alterar intencionalmente aquellas normas que crean la realidad. Ella se pregunta: «¿Cómo entran en el campo político las personas *drag*, *butch*, afeminados, transgénero, transexuales?». Y así mismo responde: «Esto nos hace no solo cuestionar lo que es real y lo que "debe" ser, sino que también nos muestran cómo se pueden cuestionar las normas que rigen las nociones contemporáneas de la realidad y cómo se pueden instituir nuevos modos de realidad»[27]. Este es su proyecto político: desmantelar las normas de género y sexo para desmantelar la llamada heteronormatividad.

Para lograr esto, cuestiona todas las normas y costumbres que rodean la sexualidad, incluido el tabú del incesto. Butler afirma que el incesto no es necesariamente traumático, es el estigma social lo que lo hace así[28]. Ella evalúa cada propuesta desconociendo la realidad y solo busca si esta afirma las normas sexuales. En Deshacer el género (*Undoing Gender*), plantea la posibilidad de «reemplazar el cuerpo materno» con innovaciones tecnológicas que permitan la reproducción artificial, desligando completamente la reproducción humana de las relaciones heterosexuales. Butler advierte a las feministas que rechazarían tales innovaciones que su oposición «correría el riesgo de naturalizar la reproducción heterosexual»[29]. Algo así como que la reproducción natural heterosexual es un guion dañino que debe ser completamente reescrito. Enfatizo esa frase porque señala la extrema visión construccionista social de Butler.

Esta comprensión posmoderna de la verdad conduce a una praxis política posmoderna, en la que el lenguaje es manipulado intencionalmente para establecer estos «nuevos modos de realidad»[30]. Es por eso que hay tanto énfasis en vigilar el lenguaje: crear nuevos pronombres y ordenar su uso, cambiar constantemente las definiciones de términos como género; proliferar continuamente nuevas categorías y subcategorías de identidad y deseo. Este es un

---

[27] BUTLER, *Deshacer el género*, p. 29.

[28] BUTLER, *Deshacer el género*, p. 157.

[29] BUTLER, *Deshacer el género*, p. 11.

[30] BUTLER, *Deshacer el género*, p. 29.

esfuerzo concertado para imponer una nueva escritura de la verdad social a través de un ejercicio de poder.

Mientras escribía este libro, me encontré con la afirmación de que Michel Foucault abogó por legalizar la pedofilia en Francia a través de la eliminación de las leyes de edad de consentimiento. Esto sonaba tan extremo que me pregunté si era solo una teoría de la conspiración. Para mi consternación, descubrí que era verdad. En 1977, Foucault solicitó formalmente al gobierno francés que despenalizara el sexo consensual con menores[31]. No se limitó a proponer reducir la edad de consentimiento, propuso abolirla por completo[32]. Ese mismo año, una carta abierta en el periódico francés *Le Monde* pedía la liberación de tres pedófilos condenados, porque «tres años [de prisión] por besos y caricias son suficientes»[33]. La carta argumenta que si las niñas de trece años tienen la edad suficiente para recibir la píldora anticonceptiva, tienen la edad suficiente para consentir tener relaciones sexuales con adultos. Simone de Beauvoir firmó esta carta, al igual que Jean-Paul Sartre, Jean-François Lyotard, Gilles Deleuze, Félix Guattari y Roland Barthes. Todas estas figuras son superestrellas en la academia, venerados teóricos y filósofos.

---

[31] Lettre ouverte à la Commission de révision du code pénal pour la révision de certains textes régissant les rapports entre adultes et mineurs, 1977, http://www.dolto.fr/fd-code-penal-crp.html.

[32] KRITZMAN LAWRENCE, *Moral sexual y la ley, en Michel Foucault – Política, filosofía, cultura: entrevistas y otros escritos 1977–1984 Routledge Nueva York 1988, p.271– 85*. Esta es una transcripción traducida de una entrevista de 1978 en la que Foucault discute su apoyo a la petición, afirmando que «una barrera de edad establecida por la ley no tiene mucho sentido». https://www.uib.no/sites/w3.uib.no/files/attachments/foucaultdanger-childsexuality_0.pdf.

[33] *Le Monde*, 26 de enero de 1977, https://www.ipce.info/ipceweb/Library/00aug29b1_from_1977.htm.

Los leí todos en la escuela de posgrado, sin saber que sus suposiciones teóricas los llevaron a la conclusión de que esterilizar temporalmente a niñas menores de edad para que puedan tener relaciones sexuales con hombres está perfectamente bien.

Si tu filosofía te lleva allí, hay algo podrido en la raíz.

FEMINISMO INTERSECCIONAL

Las teorías de Judith Butler han moldeado indiscutiblemente el paradigma de género, pero esas teorías se transforman una vez que son arrastradas por los vientos caprichosos de la cultura popular. Por ejemplo, los primeros trabajos de Butler, particularmente su exitoso concepto de performatividad, no se alinean con la narrativa transgénero de tener una «esencia de género que está en el cuerpo equivocado». Un varón trans-identificable podría afirmar que él es «realmente» una mujer, que su sentido interno de género es más real que su sexo físico. Esta es una narrativa esencialista, que va en contra de la negación de Butler de que el género tenga cualquier esencia.

En su trabajo posterior, Butler se adapta. Parece haber una retroalimentación; las teorías de Butler afectan la cultura, y la cultura a su vez influye en sus escritos posteriores. Debido a que sus teorías no están atadas a la realidad, a nada estable, se puede improvisar. Cuando su libro *Deshacer el género* (*Undoing Gender*) se publica en 2004, ella modera su lenguaje para acomodar la política transgénero, y también expande su retórica de un enfoque en las identidades *queer* para incluir guiños superficiales a otros factores de identidad, como la raza y la discapacidad. Este cambio retórico en el propio trabajo de Butler refleja un cambio más amplio en la teoría feminista y de género en su conjunto, a medida que el feminismo entra en su cuarta ola y el concepto de «interseccionalidad» asciende para reclamar el trono de la teoría.

Interseccionalidad es un término acuñado en 1989 por la teórica feminista negra Kimberlé Crenshaw[34]. En su escrito, Crenshaw, una académica de leyes, destacó lo que vio como una brecha potencial en la ley contra la discriminación. Si bien la raza y el sexo son clases protegidas, la ley no reconoce necesariamente formas únicas de discriminación que podrían surgir cuando un individuo ocupa más de una de esas categorías. En otras palabras, una mujer negra podría experimentar una doble forma de discriminación relacionada con su ubicación en la «intersección» de raza y sexo, una ubicación que es distinta de la de un hombre negro o una mujer blanca.

Hay algo cierto acerca de esta idea. No hay una «experiencia de mujer» monolítica o una «experiencia negra». Otros factores, como la clase social y la discapacidad, enmarcan las realidades concretas dentro de las cuales viven los individuos. Cuando se usa simplemente como una herramienta para el análisis, la idea básica de interseccionalidad tiene la capacidad de aumentar nuestra compasión hacia otras personas. El análisis feminista en particular debe reflejar una conciencia de las circunstancias multifacéticas de las mujeres. Normalmente, el feminismo ha girado en torno a la vida de las mujeres blancas de clase

---

[34] CRENSHAW KIMBERLÉ, *Demarginalizing the Intersection of Race and Sex: A Black Feminist Critique of Antidiscrimination Doctrine, Feminist Theory and Antiracist Politics*, University of Chicago Legal Forum (1989). Ver también su ensayo más famoso *Mapping the Margins: Intersectionality, Identity Politics, and Violence against Women of Color*, Stanford Law Review 43, no. 6 julio de 1991, pp. 1241–1299.

media y alta, lo que ha sido históricamente un problema para el movimiento. El feminismo de la segunda ola, después de todo, estalló en respuesta a la sombría representación del ama de casa estadounidense suburbana en *La mística femenina* (*The Feminine Mystique*). La interseccionalidad tiene el potencial de agregar la complejidad necesaria a la idea de un patriarcado difuso y omnipresente que hace que las mujeres estén siempre y en todas partes en desventaja en relación con los varones.

Recuerdo ir recientemente en bicicleta a casa al final de un día de trabajo, el aire era fresco, y yo pedaleaba rápidamente sintiendo que mis piernas se agitaban con fuerza y vigor. Estaba ansiosa por llegar a casa, sabía que me esperaba un lugar cálido, una comida caliente y unos niños sanos y llenos de energía. Mi casa está cerca de la parroquia que ofrece una cena gratis los viernes. Cuando estaba muy cerca a la casa, vi a un hombre caminando hacia mí en el lado opuesto de la calle. O más bien estaba cojeando, su pierna izquierda se arrastraba ligeramente mientras la balanceaba hacia adelante con gran esfuerzo. Su ropa estaba harapienta, su rostro curtido, su expresión fijada con una mirada de sombría determinación, como si estuviera caminando con un poderoso viento en contra. Asumí que había estado en la parroquia para la comida gratis, y mientras pasaba junto a él, dos pensamientos pasaron por mi cabeza, uno pisándole los talones al otro. El primer pensamiento: una repentina conciencia de lo afortunada que soy al tener un cuerpo sano, un trabajo estable y un acceso seguro a la vivienda y la comida. El segundo pensamiento: ¡cuán absurdamente reductivo y simplista es el concepto de «privilegio masculino blanco»! Qué insultante sería decirle a ese hombre que, solo por su sexo, está en una posición de poder sobre mí. En cierto nivel, mi reconocimiento de esto fue una visión interseccional, porque se basó en mi percepción de la clase y la discapacidad del hombre, así como su sexo. Irónicamente, sin embargo, ese garrote de «privilegio masculino blanco» es en sí mismo un producto del pensamiento interseccional, que se ha expandido mucho más allá de su papel de herramienta analítica para convertirse en una ideología totalizadora que llamaré interseccionalismo, una ideología que genera división en lugar de compasión.

Al igual que el paradigma de género, el interseccionalismo asume una comprensión posmoderna de la realidad, adaptada de la teoría de Michel Foucault, la misma cosmovisión que subyace a la teoría de género de Butler. Recuerda que en una comprensión foucaultiana de la realidad, lo que afirmamos que es *verdad* y *conocimiento* es una cuestión de poder. Los que tienen poder definen lo que es real y lo que se puede conocer. Para citar una frase de Bluter, «vivir es vivir una vida políticamente, en relación con el poder»[35]. En lugar de agregar matices a la idea de un patriarcado siempre presente, el interseccionalismo se superpone a fuerzas de opresión aún más generalizadas. El villano «patriarcado» se transforma en el archienemigo «heteropatriarcado masculino blanco cis». La constante aparición de neologismos como «cisgénero» es otra característica del interseccionalismo, que se basa en la manipulación del lenguaje como una manera de reformar lo que se considera «real».

El interseccionalismo borra la dimensión de lo universal así como del individuo. Ya no podemos apelar a una naturaleza o condición humana compartida que es intrínseca e intercultural. Tampoco podemos dirigir nuestra

---

[35] BUTLER, *Deshacer el género*, p. 39.

atención al individuo. En cambio, debemos mirar a las personas a través del lente de las categorías de identidad para discernir si sus perspectivas tienen algún valor. Los seres humanos están definidos o «constituidos» por su posición en la red entrelazada de fuerzas de opresión. No somos individuos únicos, somos compuestos *Frankensteinianos*, un grupo de retazos cosidos.

Estas afiliaciones grupales están ordenadas jerárquicamente y se les otorgan diversos grados de capital social en un intento de revertir las dinámicas de poder opresivas, para volver a centrar a los marginados, para privilegiar a los desfavorecidos. El intento simplemente de revertir la dinámica del poder, sin embargo, no hace nada para deshacer una preocupación subyacente con el poder y la dominación. Reclamar una identidad oprimida se convierte en un modo de poder. Este enfoque de «suma cero» conduce a un juego de competencia interminable por una mejor posición en la pirámide de opresión. Al igual que José (hijo de Jacob) con su túnica de ensueño, a quien tenga la mayor variedad de membresías marginadas se le otorga el dominio social sobre sus compañeros.

De manera notoria, entre el conjunto de fuerzas que marginan, la clase económica tiende a recibir menos énfasis, más allá de una actuación especial en el discurso estándar de identidades oprimidas. Sospecho que la marginación de clase social tiene algo que ver con el hecho de que el interseccionalismo predomina en esferas burguesas bien educadas, como los campus de la Ivy League y los entrenamientos corporativos de recursos humanos. Si a la clase económica se le dieran mejores «casas y castillos» en el tablero del Monopolio Interseccional, sería difícil para una profesora titular en una famosa universidad que gana un salario de seis cifras afirmar, por ejemplo, que está oprimida porque es mujer o gay o no blanca, o mejor aún, todo lo anterior.

La dinámica de poder endémica del interseccionalismo también conduce a extrañas luchas internas dentro de las categorías oprimidas. Por ejemplo, la categoría PDC (Personas de color), que fue estándar en los círculos académicos durante un tiempo, ahora ha sido reemplazada por PNIDC (personas negras e indígenas de color), creando una jerarquía implícita de esos grupos sobre otras minorías, como los asiáticos y los hispanos, que se consideran cada vez más como «adyacentes blancos». Del mismo modo, las identidades transgénero ahora triunfan sobre las identidades lésbicas y gays o incluso sobre algunas identidades raciales, lo que lleva a proclamas como «los hombres negros heterosexuales cis son los blancos de los negros»[36]. En una retórica interseccional intensificada como esta, la categorización social se usa con mucha frecuencia como una herramienta de juicio y censura, en lugar de una compasión expansiva. La dinámica de conflicto y dominación no se ve interrumpida por el interseccionalismo, sino que es cooptada y redirigida.

¿Dónde nos deja esto? ¿Cuál es «la cosmovisión feminista» hoy? Reconozco plenamente que es difícil, tal vez imposible, definir la cosmovisión feminista. Sin embargo, creo que es posible localizar corrientes teóricas prominentes que dan forma y dirigen el pensamiento, la retórica y la práctica contemporánea, particularmente a nivel cotidiano. Estas corrientes tomadas en conjunto, crean una

---

[36] Esta frase específica causó sensación en Twitter en 2016. Véase YOUNG DAMON, Straight Black Men Are the White People of Black People, *The Root*, 17 de septiembre de 2017, https://www.theroot.com/straight-black-men-are-the-white-people-of-black-people-1814157214.

cosmovisión de facto, un sistema de suposiciones rectoras sobre la realidad, la persona humana y cómo se ve la verdadera libertad. Esta cosmovisión implícita es lo que yo llamo el paradigma de género.

En primer lugar, este paradigma es ateo; esto se da por sentado. No somos seres creados, sino productos de fuerzas sociales. La realidad, el género, el sexo, incluso la verdad, se construye socialmente. Una negación de Dios conduce a una negación de la naturaleza. Por «naturaleza», no me refiero al mundo natural de las plantas y los animales, sino a la idea de «naturaleza humana», la noción de que algunos aspectos de la identidad humana son pre sociales e intrínsecos, influenciados por fuerzas sociales, pero no totalmente creados por ellas. Debido a que *telos* está conectado con la naturaleza, todo a lo que estamos llamados está conectado a lo que somos. Un rechazo de Dios y de la naturaleza implica un rechazo de la teleología. La libertad ya no significa ser libre para vivir en armonía con nuestra naturaleza y realizar nuestro potencial inherente. La libertad es simplemente la búsqueda de una elección sin restricciones, rompiendo los límites y normas del pasado. Esto lleva a otra consecuencia: la denigración del cuerpo, porque el propio cuerpo es un límite. La realidad concreta del cuerpo y la diferencia sexual pone un límite a la elección, un límite a la autopercepción, un límite a la construcción social. El paradigma de género, en última instancia, tiene una visión negativa de la encarnación.

Mi objetivo en este capítulo ha sido proporcionar un breve recorrido por el feminismo, tanto su marco histórico como sus formas actuales, y su relación con la teoría de género. El resto del libro dará pasos temáticos, agregando profundidad a la amplitud, con miradas más sostenidas sobre el sexo, el género y la encarnación. Si bien las corrientes dominantes que he discutido aquí comparten suposiciones fundamentales, es importante tener en cuenta que estos puntos de vista no siempre son armoniosos, sino que tienen tensiones dentro y entre ellos. El paradigma de género no es necesariamente una cosmovisión coherente, sino que está plagada de contradicciones internas. Sin embargo, creo que no solo es posible, sino necesario, dar cuenta de este marco, para comprender cómo este paradigma difiere del cristiano. Solo desde esa fundamentación y una sólida comprensión de las cosmovisiones en competencia, es posible para los cristianos explotar el pensamiento y la praxis feministas en busca de gemas ocultas.

CONTROL

EN 1930, UN ARTISTA DANÉS llamado Einar Wegener se sometió a la primera de cuatro cirugías en un intento por cambiar su sexo. Wegener se había estado vistiendo y presentando como mujer durante varios años, ocasionalmente con el nombre de Lili. Wegener fue una de las primeras personas en someterse a lo que ahora se llama cirugía de reasignación de sexo (o cirugía de «confirmación de género»). En la década de 1930, este era un fenómeno novedoso y los procedimientos completamente experimentales.

Wegener escuchó por primera vez sobre la tentadora propuesta de cambiar su sexo en el Instituto Alemán de Investigación Sexual, dirigido por Magnus Hirschfeld, un médico alemán que acuñó el término «transexual». Wegener estaba obsesionado con el deseo de convertirse en una «mujer completa», que incluía la capacidad de llevar y tener hijos[1]. Para él, convertirse en mujer no era simplemente

---

[1] HOYER NIELS, ed., *Man into Woman: An Authentic Record of a Change of Sex*. E. P. Dutton & Co. Nueva York 1933. https://www.lilielbe.org/narrative/editions/A1.html.

una cuestión de «parecer» una mujer; quería un verdadero cambio de sexo, la capacidad de adoptar la potencialidad procreativa de una mujer. Quería renacer por completo. Su historia se lee casi como un recuento de la creación de Eva: un hombre cayendo en el sueño del no ser, por lo que puede surgir una nueva creación femenina. Sin embargo, en este caso, no hay fuerza divina en acción, solo la voluntad del hombre y el poder no probado de su *technê*.

Como parte de su transformación, Wegener se separó de su esposa Gerda, y cambió legalmente su nombre a Lili Elbe, bautizando su nuevo yo en honor al río que serpentea a través de Europa. También inició una relación con otro varón, con la esperanza de algún día tener a los hijos de él, una vez que hubiera emergido completamente de la crisálida como *ella*.

Wegener se confió al cuidado de Hirschfeld, soportando cuatro cirugías invasivas en menos de dos años. Primero, le extirparon los testículos, seguido de un trasplante de ovario en su abdomen. El tercer procedimiento extirpó su pene y escroto, y la cirugía final involucró tanto un trasplante uterino como la construcción de un canal vaginal. Trágica y prediciblemente, su sistema inmunológico rechazó el útero alienígena, y Elbe murió en 1931, tres meses después de su última cirugía. Tenía cuarenta y ocho años.

La historia de Einar Wegener no fue ampliamente conocida hasta que se contó en 2015 con la película *La niña danesa* (*The Danish Girl*). Pero esta no es la historia de Christine Jorgensen, nacido George William Jorgensen, un varón estadounidense que a mediados del siglo XX se convirtió en la primera celebridad trans, apareciendo en portadas de revistas y recorriendo la nación para abogar por las personas transgénero, entonces conocidas como transexuales. La transición médica de Jorgensen, que comenzó en 1952, difería de la de Wegener en dos aspectos clave. En la década de 1950, los endocrinólogos habían desarrollado la capacidad de sintetizar y manipular hormonas sexuales, una innovación tecnológica que también facilitó el desarrollo de la primera píldora anticonceptiva hormonal. Jorgensen comenzó su transición tomando hormonas sexuales cruzadas (el nombre «Christine» es un homenaje al endocrinólogo de Jorgensen, Christian Hamburger) y luego extirpando sus testículos y pene, así como sometiéndose luego a una vaginoplastia. Esta es la segunda diferencia clave: la transición de Jorgensen lo dejó estéril permanentemente y no hizo ningún intento de perseguir la potencialidad fértil de una mujer. No compartía la comprensión de Wegener de lo que significaba convertirse en una «mujer completa».

Wegener y Jorgensen son personas diferentes, por supuesto, con deseos y motivaciones distintas. Además, trasplantar órganos extraños en un cuerpo es mucho más riesgoso que extraer órganos naturales, sin duda, un riesgo que resultó fatal para Wegener. Sin embargo, creo que hay otra capa en la historia que vale la pena contar, un cambio más amplio en la comprensión cultural de lo que significa ser mujer. Jorgensen aparentemente no pensó que necesitaba el potencial de tener hijos para convertirse en una mujer «real». Más revelador, tampoco lo hizo la sociedad. En 1930, la búsqueda de la feminidad implicó adoptar el papel procreativo femenino. En la década de 1950, la feminidad se había convertido simplemente en una cuestión de remodelar la apariencia. ¿Qué hay detrás de este cambio conceptual? ¿Qué se desarrolló en esas décadas intermedias? La normalización generalizada de la anticoncepción.

Las primeras sufragistas feministas no eran defensoras de la anticoncepción. Si bien abogan por la «maternidad voluntaria», el método era la abstinencia periódica: el derecho de las mujeres a decir no al sexo, incluso en el contexto del matrimonio. Esto puso la responsabilidad de la planificación familiar tanto en el varón como en la mujer. Las mujeres recibirían protección legal contra la violación marital, y se pediría a los varones que frenaran sus deseos en aras de regular los nacimientos. De hecho, muchas sufragistas vieron la anticoncepción como algo que beneficiaría a los varones en lugar de a las mujeres, permitiéndole a ellos más licencia sexual una vez liberados de la perspectiva de engendrar un hijo.

Estas feministas de la primera ola localizaron la fuente de la opresión femenina en las fuerzas sociales externas, particularmente en el sistema legal. Pero una activista influyente, Margaret Sanger, decidió que las sufragistas estaban equivocadas y que se centraron en las cosas equivocadas. Los cambios por los que lucharon no harían libres a las mujeres, porque las mujeres no son oprimidas en última instancia por la sociedad o los varones o las malas leyes. Las mujeres son oprimidas por su propio cuerpo:

[La mujer] reclamó el derecho de sufragio y la regulación legislativa de sus horas de trabajo, y pidió que sus derechos de propiedad fueran iguales a los del hombre. Ninguna de estas demandas, sin embargo, afectó directamente los factores más vitales de su existencia. Se había encadenado a su lugar en la sociedad y la familia a través de las funciones maternas de su naturaleza, y solo cadenas tan fuertes podrían haberla atado a su suerte como animal de cría para las civilizaciones masculinas del mundo… La mujer, a través de su capacidad reproductiva, ha fundado y perpetuado las tiranías de la tierra. Ya fuera la tiranía de una monarquía, una oligarquía o una república, el único factor indispensable de su existencia era, como lo es ahora, hordas de seres humanos, seres humanos tan abundantes como para ser baratos, y tan baratos que la ignorancia era su suerte natural. Sobre la roca de una maternidad sumisa y no iluminada se han fundado; sobre el producto de tal maternidad han florecido[2].

Este es un extracto del libro de Sanger *Woman and new race*, publicado en 1920. El título del capítulo es revelador: "El error de la mujer y su deuda". ¿El error? Tener demasiados bebés, lo que ha llevado a todos los problemas del mundo. ¿La deuda? Ella debe rehacer el mundo «liberándose de las cadenas de su propia reproductividad». Sanger no solo piensa que las mujeres están oprimidas por su biología, también las acusa de perpetuar el mal. La tiranía ya no es culpa del tirano, son las madres a las que debemos culpar. La fecundidad femenina se convierte así en el chivo expiatorio de la opresión de la mujer, así como de todo lo malo en el mundo.

El movimiento de control de la natalidad en Estados Unidos, fundado por Sanger, fue rotundamente eugenésico. Uno puede ver esto claramente en los propios escritos de Sanger. En última instancia, no se preocupa por el bienestar individual de las mujeres, aunque eso es parte de su proyecto sin duda. Su objetivo final es purgar la tierra de seres humanos no aptos, esas «vidas sin sentido, sin

---

[2] SANGER MARGARET, *Woman and the New Race*. Brentano, Nueva York 1920 accedido a través del Proyecto Gutenberg, http://www.gutenberg.org/cache/epub/8660 /pg8660.html.

rumbo que abarrotan este mundo nuestro... Sin embargo, que no han hecho absolutamente nada para avanzar en la carrera ni un ápice. Sus vidas son repeticiones sin esperanza... Tales malas hierbas humanas obstruyen el camino, drenan las energías y los recursos de esta pequeña tierra»[3]. Los puntos de vista eugenésicos de Sanger son afortunadamente muy ofensivos para la mayoría de los oídos modernos, pero su visión del control de la natalidad como una panacea global se ha vuelto incuestionable. Sin embargo, en su época a principios del siglo XX, lo contrario era cierto: los puntos de vista eugenésicos eran ampliamente aceptados, particularmente entre la élite, mientras que la cuestión del control de la natalidad seguía siendo controvertida.

Sanger comenzó su trabajo activista en 1914 publicando un boletín que promovía la anticoncepción con el lema «sin dioses, sin amos», un eslogan que ha sido adoptado por los anarquistas antifascistas de hoy. En 1916 abrió la primera clínica de control de la natalidad en los Estados Unidos, y a principios de la década de 1920 fundó lo que luego se convertiría en Planned Parenthood, la Liga Americana de Control de la Natalidad. En 1929, Sanger estaba presionando activamente al gobierno de los Estados Unidos para legalizar la anticoncepción. Gracias a los esfuerzos de Sanger, la anticoncepción estaba fácilmente disponible, incluso aunque todavía estaba prohibida. Sanger había popularizado con éxito el término «control de la natalidad», que se había instalado en el lenguaje común estadounidense. A principios de la década de 1950, Sanger colaboró con Katharine McCormick y Gregory Pincus

---

[3] SANGER ALEXANDER, *Eugenesia, raza y Margaret Sanger revisada: ¿Libertad reproductiva para todos?*, *Hipatia* 22, no. 2. 2007, p. 215.

para desarrollar la primera píldora anticonceptiva hormonal y fue aprobada por la FDA en 1957.

Leer los escritos de Sanger es una montaña rusa de emociones. Por un lado, su retórica hiperbólica expone problemas sociales muy reales. Tiene razón en enfurecerse con las miles de mujeres que se sintieron obligadas a buscar abortos ilegales. Tiene razón al criticar a una sociedad que pone a las mujeres en esa horrible posición. Comparto su disgusto por la guerra, por la tiranía, por la opresión. Sin embargo, su análisis de estos problemas es repulsivo. Ella culpa al cuerpo de la mujer y deshumaniza a los seres humanos que, en su opinión, no «hacen avanzar suficientemente la raza». Esta perspectiva está en sintonía con la narrativa progresista triunfalista de su época. El camino hacia la utopía del Palacio de Cristal del futuro está pavimentado por los avances en la ciencia, la tecnología y la continua conquista de la naturaleza.

Todas las religiones axiales, incluidas las antiguas escuelas filosóficas como el estoicismo y el confucianismo, afirman la necesidad de regular el deseo para vivir de acuerdo con la naturaleza, tanto con nuestro cuerpo como con toda la creación. El progresismo de la Ilustración, por el contrario, pone a la naturaleza como una fuerza a controlar. Control, esa es la piedra angular de la ideología de Sanger[4]. Esto no es control sobre nuestras pasiones y deseos destructivos, un ideal que Sanger llama «un absurdo»[5], es control sobre la biología, sobre

---

[4] Me baso aquí en el trabajo de la teóloga Angela Franks, quien caracteriza correctamente a Sanger como profesando una ideología de control. Véase ANGELA FRANKS, *"A Life of Passion: Progressive Eugenics and Planned Parenthood"*, Public Discourse, 4 de enero de 2021, https://www.thepublicdiscourse.com/2012/01/4445/.

[5] SANGER MARGARET, *La mujer y la nueva raza*, cap. 4.

la naturaleza misma. La visión del progreso de Sanger es una inversión de la sabiduría antigua. En lugar de ordenar nuestra voluntad para vivir en armonía con la naturaleza, torcemos la naturaleza para dar rienda suelta a nuestra voluntad.

El segundo sexo de Simone de Beauvoir, escrito en 1949, se hace eco de muchos de los puntos de vista de Sanger, atrayéndolos a un marco existencialista más sofisticado. Al igual que Sanger, De Beauvoir ve a las mujeres como esclavas de su biología. Al igual que Sanger, De Beauvoir afirma que la verdadera libertad solo se puede encontrar en una utopía socialista que permita a las mujeres controlar su cuerpo con anticonceptivos y aborto. Ambas mujeres esculpen implícitamente su visión de la libertad de acuerdo con el ideal masculino. Las mujeres solo pueden encontrar la verdadera libertad haciéndose lo más parecidas posible a los varones. La influencia directa de De Beauvoir en la segunda ola de la arquitecta Betty Friedan ayuda a forjar una alianza inquebrantable entre la ideología del control y el movimiento feminista.

En el lapso de unas pocas décadas, Margaret Sanger provocó una revolución, un cambio impactante en las costumbres y sentimientos culturales. Cuando Sanger comenzó su trabajo abogando por el control de la natalidad como salvadora de la humanidad, fue vista como una radical. Sus puntos de vista sobre el control de la natalidad estaban en desacuerdo con la sociedad de su época, incluso con la mayoría de las feministas. Al final de su vida, esos puntos de vista se habían convertido en estándar, incluso respetables, en la sociedad en general, y totalmente aceptados por las feministas en la segunda ola. Desde la década de 1960 en adelante, las feministas han seguido los pasos de Sanger y De Beauvoir, ubicando la opresión de las mujeres en su biología y abogando por una visión de «salud» que patologice la fertilidad femenina.

FEMINIDAD PATOLÓGICA

El golpe cultural de Sanger fue exitoso porque pudo poner a los médicos de su lado. El control de la natalidad fue rebautizado como una cuestión de «salud reproductiva», una asociación que solo se ha fortalecido con el tiempo. Piense en la abreviatura común para la anticoncepción hormonal: «la píldora», sin más detalles requeridos, como si hubiera un remedio mágico singular que las mujeres necesitan para garantizar la salud y la libertad.

¿Cuál es el «trastorno» que requiere intervención médica? La función normal del cuerpo de una mujer. Los cuerpos femeninos sanos son fértiles. Hay una suposición preocupante que viene de la designación de la píldora como el punto de apoyo de la salud de las mujeres: las mujeres, para ser «sanas y libres», deben funcionar, biológicamente hablando, lo más masculinamente posible. Los escritos de Sanger hacen explícita su opinión de que la fecundidad femenina no es natural y buena, sino patológica, una enfermedad peligrosa que necesita ser tratada y controlada. Este punto de vista se ha arraigado en nuestra cultura. El acceso al control de la natalidad y al aborto son casi sinónimos de «salud reproductiva», un término inteligente que suena a favor de la mujer, pero en realidad patologiza las realidades biológicas naturales que son exclusivas de las mujeres: la fertilidad, el embarazo y el parto.

El término «salud» tiene su raíz etimológica del latín *salus* que significa «salvación, intacto». La salud es plenitud, cuando el orden y la armonía del cuerpo están en buenas condiciones de funcionamiento, cuando todo funciona como se supone que debe hacerlo. La curación, es una restauración de la plenitud. Hay algo sagrado en esa misma armonía y orden, en restaurar los procesos naturales del cuerpo. Una visión cristiana de la salud de la mujer es aquella que ve la fisiología femenina en términos integrales en lugar de patológicos y trabaja con, no en contra de, el orden natural del cuerpo femenino.

Esta perspectiva Cristiana está totalmente en desacuerdo tanto con el feminismo convencional como con el establecimiento médico, que han abrazado el paradigma de la patología. Los métodos anticonceptivos más utilizados y prescritos, como las hormonas sintéticas y / o un dispositivo intrauterino (DIU), actúan interrumpiendo las funciones normales del sistema reproductivo de una mujer, con la intención clara de hacerlo funcionar mal para evitar el embarazo. Como era de esperar, la interrupción de un sistema de órganos puede alterar el equilibrio de todo el organismo, lo que conduce a un mayor riesgo de enfermedad grave.

Según el Instituto Nacional del Cáncer, un metaanálisis de 54 estudios concluyó que las mujeres que usan anticonceptivos orales tienen un riesgo 24 % mayor de cáncer de mama[6]. Un estudio Danés de 2017 indicó que las mujeres con uso actual o reciente de anticonceptivos orales tenían un riesgo 20 % mayor de cáncer de mama en general, y dependiendo del tipo específico de píldora, un

---

[6] Ver «*Anticonceptivos orales y riesgo de cáncer*», Instituto Nacional del Cáncer, última actualización el 22 de febrero de 2018, https://www. cancer.gov/about-c ancer/causes-prevention/risk/hormones/oral-contraceptives-fact-sheet#what-is-known-about-the-relationship-between-oral-contraceptive-use-and-cancer.

riesgo tan alto como 60 %[7]. Además, el riesgo de cáncer de mama aumentaba cuanto más tiempo se usaban los anticonceptivos orales. Este estudio es particularmente notable, porque se centra en formulaciones recientes de la píldora anticonceptiva, en lugar de versiones anteriores con dosis más altas de hormonas sintéticas. También se ha demostrado que el uso de anticonceptivos orales aumenta el riesgo de cáncer cervical: cuanto más largo sea el uso, mayores serán los riesgos. Con cinco o menos años de uso, el riesgo elevado es del 10 %. Con cinco a nueve años de uso, este riesgo aumenta al 60 % y se duplica nuevamente con diez o más años de uso[8].

Por otro lado, el uso de anticonceptivos orales en realidad reduce el riesgo de cáncer de endometrio y ovario en al menos un 30 %[9]. ¿Estos riesgos relativos se cancelan entre sí? Esa es una forma de leerlo. El valor protector contra el cáncer de ovario se debe a una reducción en las ovulaciones generales y los períodos menstruales que una mujer experimenta en su vida. Esta reducción se puede lograr naturalmente mediante los procesos de embarazo, parto y lactancia, los mismos procesos que la píldora trata de suprimir. El embarazo y la lactancia, de hecho, no solo reducen el riesgo de cáncer de ovario y endometrio, también reducen el riesgo de cáncer de mama. Además,

---

[7] Mørch L. S. et al., *Anticoncepción hormonal contemporánea y el riesgo de cáncer de mama*, New England Journal of Medicine 377, no. 23 (2017): 2228–39, https://doi.org/10.1056/NEJMoa1700732.

[8] Smith J. S. et al., *Cervical Cancer and Use of Hormonal Contraceptives: A Systematic Review*, Lancet 361, no. 9364 (2003): 1159–67, https://doi.org/10.1016/s0140-6736(03)12949-2.

[9] Michels K. A. et al., *Modificación de las asociaciones entre la duración del uso de anticonceptivos orales y los cánceres de ovario, endometrio, mama y colorrectal*, JAMA Oncology 4, no. 4 2018, p. 516–21.

los antecedentes de lactancia materna aumentan las tasas de supervivencia de las mujeres que desarrollan cáncer de mama. Evitar los anticonceptivos orales y experimentar los procesos fisiológicos normales del embarazo, el parto y la lactancia, proporciona la combinación óptima: un menor riesgo de cáncer en todos los casos.

El control de la natalidad hormonal también puede causar estragos en el bienestar mental y emocional de una mujer. La píldora aumenta el riesgo de desarrollar depresión según un estudio de 2016 de más de un millón de mujeres en Dinamarca[10]. El riesgo es mayor con las formas de anticoncepción con solo progesterona, incluido el DIU: «Que el DIU se asociara particularmente con la depresión en todos los grupos de edad es especialmente significativo, porque tradicionalmente, a los médicos se les ha enseñado que el DIU solo actúa localmente y no tiene efectos en el resto del cuerpo»[11]. Claramente esto no es cierto, el riesgo de depresión fue más elevado para las adolescentes, un grupo demográfico cuya salud mental se encuentra actualmente en una grave crisis.

Estos riesgos de mayores afecciones, como el cáncer y la depresión, así como coágulos de sangre y accidentes cerebrovasculares, se acompañan de otros efectos secundarios comunes: migrañas, aumento de peso, disminución de la libido, cambios de humor. No es de extrañar que muchas mujeres abandonen su método artificial de

---

[10] C. W. SKOVLUND, L. S. MØRCH Y L. V. KESSING, *Asociación de la anticoncepción hormonal con la depresión*, *JAMA Psychiatry* 73, no. 11, 2016 p. 1154–1162.

[11] TELLO MONIQUE, ¿Puede el control de la natalidad hormonal desencadenar la depresión?, Harvard Health Blog, *1 de octubre de 2019, https://www.health.harvard.edu/blog/can-hormonal-birth-control-trigger-depression-2016101710514.*

control de la natalidad después de algunos años. Según el proyecto *Contraception CHOICE*, un estudio de cohorte de 10 000 mujeres de 14 a 45 años, «el 69 % de las mujeres que habían elegido anticonceptivos orales, inyección, el anillo vaginal o el parche cutáneo habían renunciado a ellos después de tres años»[12]. Incluso el DIU, que parece mejor en comparación, tiene tasas de abandono cercanas al 50 % en cinco años, en gran parte debido a efectos secundarios como sangrado o dolor, o porque el DIU perforó el útero y fue expulsado del cuerpo. Estas estadísticas indican claramente la insatisfacción generalizada de las mujeres con los métodos anticonceptivos disponibles, desmintiendo la línea triunfalista de que la anticoncepción es la llave de oro para la salud reproductiva y la libertad de las mujeres.

Hay otra capa en esta situación: la práctica médica de alterar el ecosistema hormonal de una mujer para suprimir la ovulación, o abordar cualquier enfermedad reproductiva, no se basa en una buena ciencia. En 2019, *Scientific American* emitió un informe especial sobre la salud reproductiva de las mujeres. Como era de esperar, el informe se esfuerza por afirmar el discurso estándar ¡la anticoncepción hace que las mujeres sean libres!, pero solo como un descargo de responsabilidad. La mayor parte del informe ofrece críticas sorprendentes de la actitud vehemente del establecimiento médico hacia el control de la natalidad y analiza cómo ese entusiasmo puede ser un impedimento para la salud de las mujeres. El informe acusa a los médicos de «manejar hormonas sintéticas como un martillo, recetando la píldora anticonceptiva para todo

---

[12] Dusenbery Maya, *Por qué las mujeres y los hombres necesitan un mejor control de la natalidad*, Scientific American, mayo de 2019, p. 44.

tipo de dolor»[13]. Este frenesí torpe en realidad puede oscurecer la naturaleza de una enfermedad subyacente como la endometriosis, que en promedio, tarda ocho años en diagnosticarse[14].

El primer artículo del informe «¿Cuál es el punto del período?» destaca el escaso conocimiento entre los médicos sobre las funciones naturales del sistema y los ciclos reproductivos femeninos, particularmente el ciclo menstrual. En la prisa por dar «libertad reproductiva» a las mujeres, los pioneros de la píldora anticonceptiva: Margaret Sanger, Gregory Pincus, John Rock «parecen haber ignorado las implicaciones de cerrar el ciclo natural de una mujer. [Ellos] descubrieron cómo suplantar los períodos mucho antes de que comenzaran a tratar de entender por qué funcionan de la manera en que lo hacen»[15]. Para la mayoría en el establecimiento médico, la píldora es vista y prescrita como una carta mágica para todo tipo de problemas físicos e irregularidades. Elizabeth Kissling, profesora de estudios de género y mujeres en la Universidad Eastern Washington, no está de acuerdo: «La píldora no es un tratamiento para [las irregularidades menstruales], es una forma de negarse a tratarlas… Los médicos son tan rápidos para recetar el medicamento a las adolescentes que reportan fuertes dolores sin investigar si hay una causa subyacente». Al igual que a Kissling, me preocupa la tendencia de prescribir la píldora para la supresión del período de larga duración sin un conocimiento adecuado sobre

---

[13] MOSKOWITZ CLARA Y SCHWARTZ JEN, *Fertile Ground*, Scientific American, mayo de 2019, p. 31.

[14] MOSKOWITZ Y SCHWARTZ, *Fertile Ground* 2019.

[15] SOLE-SMITH VIRGINIA, *The Point of a Period, Scientific American*, mayo de 2019, p. 35–36.

108

las posibles consecuencias. Esta práctica, dice Kissling, es «el mayor experimento médico sin control, en mujeres de la historia»[16]. ¿Cuál es la alternativa? El trabajo de Sanger, por defectuoso que fuera, reconoció que las mujeres pobres y trabajadoras a menudo se encontraban en circunstancias desesperadas. Si bien ella culpó principalmente a la fertilidad femenina, yo lo cambiaría a otra parte: a la falta de apoyo social para estas mujeres, la expectativa cultural de que las mujeres siempre deben estar sexualmente disponibles y la ignorancia sobre el ciclo de fertilidad de una mujer. Las mujeres en la época de Sanger no tenían acceso a los instrumentos y conocimientos disponibles hoy en día, conocimiento que desafortunadamente, aún no se ha convertido en la corriente principal en la profesión médica o entre las propias mujeres. A las mujeres y las niñas se les recetan rutinariamente medicamentos que suprimen sus ciclos naturales, pero rara vez se les educa sobre cómo comprender y «leer» mejor esos ciclos.

Según un estudio de 2012, las tres características principales que las mujeres desean en un método anticonceptivo son: 1. efectividad, 2. falta de efectos secundarios y 3. asequibilidad[17]. El estudio concluye que «esa combinación no existe». De hecho, solo lo reconoce en formas naturales de control de la natalidad, conocidas como Métodos naturales de conocimiento de la fertilidad (MNCFs) o, en los círculos católicos, Planificación natural familiar (PNF). Según el informe de *Scientific American*, los MNCF son uno de los únicos métodos «cuya popularidad está en aumento»[18].

---

[16] SOLE-SMITH, *The Point of a Period*, p. 39–40.

[17] DUSENBERY, *Better Birth Control*, p. 44.

[18] DUSENBERY, *Better Birth Control*, p. 47.

Como su nombre lo indica, los MNCF funcionan capacitando a las mujeres para rastrear su propia fertilidad cíclica. Hay diferentes métodos que se basan en combinaciones de varios indicadores de fertilidad, como la temperatura corporal basal, el moco cervical y el seguimiento de hormonas como el estrógeno, la progesterona y la hormona luteinizante que desencadena la ovulación. Los MNCF no tienen efectos secundarios fisiológicos, porque no buscan alterar el sistema reproductivo de una mujer; en cambio sintonizan a la mujer con su cuerpo, para que ellas puedan tomar decisiones sexuales más informadas. Los MNCF también son más asequibles en general, dependiendo de cuán tecnológicamente avanzada uno elija ser, ya que no requieren recetas continuas o procedimientos médicos. También pueden ser muy efectivos, como lo afirman múltiples estudios revisados por pares[19]. Las conclusiones de estos estudios muestran que los MNCF, cuando se usan correctamente, son tan *o más* efectivos que los métodos artificiales para espaciar los embarazos.

Los MNCF requieren, como su nombre indica, una mayor y activa conciencia de los procesos corporales por parte de las mujeres. Esta no es una forma pasiva de

---

[19] Estos son solo dos ejemplos. Un estudio de 2008 sobre el Método Marquette de PFN encontró una tasa de efectividad correcta del 99,4 %. Ver RICHARD FEHRING et al., *Efficacy of the Marquette Method of Natural Family Planning*, The American Journal of Maternal/Child Nursing 33, no. 6, 2008 p. 348–54. Más recientemente, un estudio de marzo de 2019 sobre la efectividad de la aplicación de *conocimiento de la fertilidad Dot* encontró una falla de uso perfecto del 1 % y una falla de uso típico del 5 %. Ver Victoria JENNINGS et al., *Perfect- and Typical- Use Effectiveness of the Dot Fertility*

App over 13 Cycles: Results from a Prospective Contraceptive Effectiveness Trial, The European Journal of Contraception & Reproductive Health Care 24, no. 2, 2019 p.148–53.

control de la natalidad, como tomar una píldora una vez al día o insertar un trozo de metal en el útero. Cuanto más consciente sea una mujer de su patrón cíclico normal, notará si algo anda mal, lo que puede indicar la presencia de una afección que realmente requiere atención médica. Para ser efectivos, los MNCF requieren cambios en el estilo de vida. El enfoque católico de la planificación natural familiar, utiliza la abstinencia periódica, la cual requiere un compromiso activo y la participación tanto del esposo como de la esposa. En la PNF, las demandas del método descansan en la pareja, poniendo a prueba su autodominio y su voluntad de sacrificarse el uno por el otro. La responsabilidad de la fertilidad no recae solo en la mujer.

La distinción clave entre los métodos sintéticos de control de la natalidad y los MNCF es esta: uno busca prevenir el embarazo alterando la fisiología de una mujer para que funcione mal y no haga para lo que está diseñado hacer. El otro se puede usar para evitar o lograr el embarazo a través de una comprensión más profunda de la fisiología de una mujer, lo que permite a una mujer adaptar su comportamiento en armonía con su fisiología. En resumen: uno actúa cambiando las funciones normales del cuerpo de la mujer, el otro le da un mayor conocimiento de su cuerpo.

A pesar de la retórica continua sobre la libertad y el control de las mujeres, parece haber una fuerte renuencia entre los médicos a confiar en la gestión de las mujeres cuando se trata de planificar embarazos. Personalmente, nunca he escuchado que un profesional médico sugiera los métodos naturales como opciones viables. Cuando me interesé por los métodos naturales, lo aprendí hablando con otras mujeres y haciendo mi propia investigación. Cualquier conversación que haya tenido con los médicos sobre mi elección de usar un método natural invariablemente resulta en presión para cambiar a la píldora o un DIU. Los médicos tienen una marcada preferencia por alterar farmacológicamente el sistema reproductivo de la mujer en lugar de confiar en que ella aprenda a conocer su propia fertilidad y así, tomar decisiones para lograr o evitar el embarazo.

Recuerdo una conversación en particular pocas horas después del nacimiento de mi tercer hijo. Una médica entró en mi habitación del hospital para felicitarme, y luego inmediatamente para preguntar sobre mis planes para el control de la natalidad. El mensaje implícito y contradictorio parecía ser: «¡Felicitaciones por el nacimiento de este hermoso bebé! ¡Qué emocionada debes estar! Ahora: ¿Qué podemos hacer para asegurarnos de que *esto nunca vuelva a suceder*?». Ella no estaba contenta cuando le dije que estaría usando MNCF, así que como una suave presión para salir del hospital me dio una receta de anticonceptivos hormonales.

Me dan temor estas conversaciones posparto, la directriz del médico es predecible, consumir hormonas sintéticas incluso antes de que se reanuden mis ciclos. Casi siempre cuando discuto los métodos naturales de conocimiento de la fertilidad (MNCF) con los médicos, me encuentro con escepticismo y desaprobación, como si estuviera practicando el método del ritmo arcaico en lugar de usar técnicas científicamente sofisticadas y precisas para mapear mi patrón cíclico único. Puedo decir que los pone nerviosos: mi falta de cooperación para suprimir mi fertilidad y mi negativa a confiar en las intervenciones médicas en lugar de mi propia gestión y conocimiento corporal.

El paradigma médico actual, alabado por la mayoría de las feministas, es un paradigma que patologiza la fertilidad femenina, viendo el potencial de una mujer para el embarazo como una condición adversa que debe ser manejada médicamente. Este manejo médico descontrola la totalidad del cuerpo de una mujer en lugar de restaurarlo, y de esta manera contradice la definición básica de salud. Una visión católica sobre la salud de la mujer y la planificación familiar por el contrario, educaría a los médicos y a las propias mujeres en métodos de conocimiento de la fertilidad, métodos que funcionan en armonía con el cuerpo de la mujer en lugar de ir contra él. Esta visión, proporciona un enfoque positivo de la fertilidad para la salud de las mujeres, un enfoque que no ve el cuerpo de la mujer como una amenaza a su libertad y felicidad, sino más bien como algo bueno, digno de una comprensión y respeto más profundo.

EN DESACUERDO CON LA REALIDAD

El uso generalizado de anticonceptivos hormonales podría no ser bueno para la salud de las mujeres, pero ¿es bueno para la sociedad?

Según Sanger, las mujeres deben asumir la culpa y la responsabilidad de los males sociales sobre sí, convirtiéndose en mártires salvíficas para el bien de todos. Si bien cree que el control de la natalidad conducirá a la emancipación de las mujeres, parece más centrada en la utopía eugenésica más amplia que asume que creará el control de la natalidad.

Desafortunadamente, Sanger está equivocada en ambos frentes: la anticoncepción no es buena para las mujeres y no es buena para la sociedad. Ahora vivimos en un estado de disonancia perpetua. Nuestra imaginación cultural compartida, así como las normas y expectativas moldeadas por ese entendimiento, están en desacuerdo con la realidad. Ahora pensamos en el sexo como una actividad recreativa, en lugar de procreativa. La conexión entre el sexo y la posibilidad de una nueva vida se ha cortado. Pensamos en las mujeres, y las mujeres piensan en sí mismas, como seres naturalmente estériles. El embarazo a menudo se ve como un percance sexual, una relación sexual que se ha ido mal, en lugar de verlo como un posible resultado natural acorde con el propósito de las relaciones sexuales. El potencial procreativo del sexo se ve como un interruptor que se puede activar, si se desea, pero cuya configuración predeterminada es «desactivada».

Existen numerosas consecuencias de la esterilidad femenina asumida. Una es que la tasa de abortos en realidad aumenta. Sanger esperaba que el control de la natalidad erradicara el aborto y el infanticidio. Ella imaginó que en su utopía anticonceptiva, «no habrá matanza de bebés en el útero por el aborto»[20]. El caso es que ha ocurrido lo contrario: la propia organización heredada de Sanger, *Planned Parenthood*, actualmente realiza alrededor de 350 000 abortos por año en Estados Unidos y una vez que se legalizó la píldora anticonceptiva, las tasas de aborto se dispararon. En 1965, el año en que se legalizó el control de la natalidad, la cantidad de abortos fue de 794, solo cinco años después, ese número saltó a 193 491. En una sola década, se realizaron 1 034 200 abortos anuales en los Estados Unidos. De menos de mil a más de un millón: eso es un aumento del 130 152 % en diez años. Incluso si asumimos que las tasas de aborto en 1960 no fueron reportadas, sigue siendo innegable que los abortos

---

[20] SANGER, *La mujer y la nueva raza*, cap. 18.

114

aumentaron drásticamente una vez que la anticoncepción fue ampliamente utilizada[21].

Este aumento de abortos tras la legalización del control de la natalidad es contrario a la intuición. Una vez asumí, como la mayoría de las personas, que la anticoncepción es la mejor manera de disminuir los abortos. Cuando una sociedad se convierte por primera vez en anticonceptiva, el aborto aumenta radicalmente, como se muestra con el ejemplo de los Estados Unidos. En el caso de la Unión Soviética, sin embargo, el aumento en la disponibilidad de anticonceptivos redujo su altísima tasa de abortos, que en 1988, superó a los nacidos vivos[22]. Esto se debe a que en el momento en que la URSS se convirtió en una sociedad anticonceptiva, el método predeterminado de control de la natalidad era el aborto. Una vez que se introdujo un método anticonceptivo alternativo, las tasas de aborto disminuyeron.

En los Estados Unidos, sin embargo, el aborto ha funcionado como un «plan b», una forma secundaria de control de la natalidad cuando la anticoncepción falla. La forma más precisa de caracterizar la dinámica entre la anticoncepción y el aborto es esta: cuando una sociedad normaliza la anticoncepción, la tasa de abortos aumentará drásticamente. Sin embargo, en una sociedad ya

---

[21] Estos datos provienen del sitio web Historical Abortion Statistics, que se basa en varias fuentes, incluidos los CDC y el Instituto Guttmacher, que alguna vez fue afiliado a Planned Parenthood. Cotejé estos datos con los CDC y descubrí que eran precisos. Véase Wm. ROBERT JOHNSON, *Historical Abortion Statistics, United States*, última modificación el 14 de enero de 2020, http://www.johnstonsarchive.net/policy/abortion/ab-unitedstates.html.

[22] POPOV A. A., *Planificación familiar en la URSS. Sky-High Abortion Rates Reflect Dire Lack of Choice*, Entre Nous 16, 1990 p. 5–7, PMID 12222340.

anticonceptiva, el uso de anticonceptivos puede mantener la tasa de aborto estable o incluso reducirla ligeramente. En los Estados Unidos, por ejemplo, la tasa de aborto alcanzó su punto máximo en 1990 en 1 608 600, momento en el que comenzó a estabilizarse, bajando a una tasa actual de alrededor de 850 000 abortos por año. Esto sigue siendo, sin embargo, un salto astronómico (106 953 %) desde las tasas previas a la píldora en 1965. En general, la normalización de la anticoncepción y la expectativa predeterminada de esterilización femenina, aumenta enormemente los abortos.

¿Por qué? Porque la anticoncepción hace una promesa que no siempre puede cumplir: que una mujer fértil puede tener relaciones sexuales sin quedarse embarazada. La realidad es que todos los métodos anticonceptivos tienen tasas de fracaso, y cuando un método falla, la fantasía de sexo esterilizado choca con la realidad. Una mujer que se encuentra en esta posición, sintiéndose traicionada por el cuerpo, a menudo buscará un aborto. Este es el factor de respaldo: cuando la anticoncepción no cumple su promesa, el aborto llena el vacío.

Hay otra capa de complejidad aquí, y es el cambio en la autopercepción de las mujeres. Cuando participé en ese seminario de una semana con la filósofa Luce Irigaray, se me unieron otros diez estudiantes de doctorado de todo el mundo. Venimos de una variedad de disciplinas, y cada uno de nosotros tomó un turno para presentar su investigación doctoral, seguida de comentarios y discusiones con Irigaray y el grupo. El trabajo de una investigadora en particular se me quedó grabado. Ella era una médica británica que quería entender por qué tantas de sus pacientes terminaban embarazadas. Estas mujeres estaban tomando anticonceptivos, que el propio médico había recetado, y muchas de ellas ya eran madres, presumiblemente muy conscientes de las realidades del embarazo. Una y otra vez, estas mujeres aparecían en su consulta con embarazos no planificados. La investigadora había determinado que sus pacientes parecían tener un «pensamiento mágico» sobre la anticoncepción, pero aún no entendía por qué.

Yo tenía veintitantos años en ese momento, casada y con cierta renuencia a tomar anticonceptivos hormonales. Por un lado, creía que para seguir una carrera académica, necesitaba mantener a raya la maternidad en un futuro indefinido. Por otro lado, también era consciente de que el control de la natalidad me irritaba, disminuía mi libido y conllevaba un mayor riesgo de cáncer de mama, que existe en mi familia. Cuando contesté la encuesta que había diseñado esta investigadora, los resultados indicaron que yo también era propensa a este «pensamiento mágico». Recuerdo nuestra sesión en ese seminario: un círculo de nacientes académicas feministas, desconcertadas y especulando sobre por qué las mujeres que tomaban anticonceptivos seguían quedando embarazadas. Hicimos girar nuestras ruedas teorizantes, completamente ajenas a la causa más obvia: el control de la natalidad en sí.

Años más tarde, después de convertirme al catolicismo y permitirme cuestionar los supuestos beneficios de mis muchos años con la píldora, pude identificar lo que llamo la paradoja anticonceptiva: uno de los efectos del uso de anticonceptivos es una menor conciencia de la «necesidad» de anticoncepción. En otras palabras, el uso de métodos anticonceptivos pasivos, que funcionan en la fisiología de una mujer sin estar consciente de ello, alteran el sentido de sí de la mujer como un ser fértil, cultivando una imagen de esterilidad. Esta conciencia alterada puede influir en las elecciones y acciones de las mujeres. Por ejemplo, si me considero estéril, podría ser más probable que me involucre en un comportamiento sexual casual y más arriesgado, sin inhibirme ante la perspectiva de consecuencias a largo plazo. También es quizás más probable que me olvide de tomar la píldora por completo, lo que ciertamente hice, numerosas veces. Esta menor conciencia de la capacidad de uno para el embarazo en realidad puede aumentar las tasas de fracaso de las usuarias, contribuyendo a la tasa sorprendentemente alta de embarazos no planificados en los Estados Unidos, una tasa que persiste a pesar del uso generalizado de la anticoncepción[23].

SEXO DE CONSUMO

A través de la normalización de la anticoncepción, hemos borrado la fertilidad de nuestra conciencia. Esto ha modificado nuestra comprensión del propósito del sexo, lo que a su vez ha alterado nuestro comportamiento. Hoy no se encuentra sentido a la espera por un bien superior en relación a la vida sexual. Y no estoy apuntando hacia la versión victoriana sobre el cuerpo y la sexualidad; estoy señalando aún más atrás, a los antiguos filósofos, quienes reconocieron que la felicidad radica en el trabajo de la virtud, en el cultivo de hábitos que nos liberan de ser esclavos de nuestros apetitos.

---

[23] Actualmente, casi la mitad de todos los embarazos en los Estados Unidos no son intencionales. Ver *Embarazo no deseado en los Estados Unidos*, Instituto Guttmacher, visitado por última vez el 5 de octubre de 2021, https://www.guttmacher.org/fact-sheet/unintended-pregnancy-united-states#.

Mientras escribo, viene a mi mente una imagen extraída de recuerdos recientes. Estoy en un avión que acaba de aterrizar, haciendo cola en el pasillo con todos los demás pasajeros. Justo delante mí hay un hombre de pelo canoso, probablemente de unos sesenta años, mirando su móvil como todos los demás. En lugar de revisar un mensaje de texto o un correo electrónico, abre una aplicación de citas. Uso la palabra «citas», pero por supuesto eso es un eufemismo, él está buscando sexo. Los rostros de las mujeres parpadean en la pantalla de su teléfono, pasa increíblemente rápido a la mayoría de ellas con apenas un vistazo. Estoy mirando descaradamente por encima de su hombro, y así veo: mujer tras mujer, cara tras cara, algunas sonriendo alegremente, otras tímidamente, algunas intentan gestos de seducción con sus labios y mucha piel. Se detiene solo en las caras que son jóvenes, las que tienen la mitad de su edad, presiona un botón con el pulgar para archivar a esas mujeres para más tarde. Pienso en cada mujer mientras su rostro pasa por allí, en su deseo de amor, de compañía, de ser reconocida, de ser vista con reverencia y respeto. ¿Qué mujer, qué ser humano no quiere estas cosas? Estamos hechos para el amor, eso es lo que buscamos siempre. Mientras veo a este hombre pasar por docenas de rostros, siento una lenta erupción de rabia y disgusto en mi vientre que llega hasta mi garganta. Él no está viendo a estas mujeres como personas, las está evaluando apresuradamente como posibles desfogues para sus apetitos, es como buscar en un menú del autoservicio esa hamburguesa que te calmará el antojo.

Sus gestos son insensibles, sí, pero también frenéticos y compulsivos. Ni siquiera estamos fuera del avión después de todo, y él ya está buscando presas, como un tiburón dando vueltas sin cesar, incapaz de dejar de moverse.

Él no tiene el control, él está siendo controlado. Así como su lujuria oscurece la personalidad de los rostros en su pantalla, también disminuye su propia humanidad. Al hacer a estas mujeres objetos, también ha hecho un objeto de sí.

Esto es en lo que se convierte el sexo, en lo que nos convertimos cuando el sexo se separa de la vida. El papa Pablo VI predijo esto en 1968, en su encíclica *Humanae vitae*. Esta carta, que desafió la opinión pública incluso en ese momento, fue la respuesta definitiva de la Iglesia católica a la pregunta de si debería seguir a otros grupos cristianos en la adopción de la anticoncepción. La Iglesia dijo que no. Como parte de su respuesta, Pablo VI hizo varias predicciones que ahora suenan como proféticas, una de ellas fue esta:

> Otro efecto que da motivo de alarma es que un hombre que se acostumbra al uso de métodos anticonceptivos puede olvidar la reverencia debida hacia una mujer y, sin tener en cuenta su equilibrio físico y emocional, reducirla a ser un mero instrumento para la satisfacción de sus propios deseos, dejando de considerarla como su compañera a la que debe rodear con cuidado y afecto[24].

Cuando leo este párrafo, pienso en ese hombre en el avión, los millones como él, y el desfile de caras descartadas en sus pantallas. No necesitamos evocar una imagen falsa de un pasado idealizado para reconocer que hay algo podrido en nuestra cultura. No es como si la explotación sexual de las mujeres se hubiera inventado en 1965, este es un mal antiguo. Pero el desapego del sexo de la vida, lo ha

---

[24] PABLO VI, carta encíclica *Humanae vitae* (Sobre la vida humana) 25 de julio de 1968, no. 17.

vuelto algo de poco valor y nos vemos nosotros con poco valor, alimentando un paradigma sexual consumista que pregona la liberación mientras nos esclaviza.

Dentro del paradigma del sexo de consumo, emerge una nueva visión de la persona humana, a medida que la dignidad innata y la personalidad encarnada retroceden y desaparecen en el fondo. Este punto de vista es un punto de vista instrumentalista, en el que la persona es vista como una herramienta, un instrumento, un medio para los fines egocéntricos de otra persona. Cuando hablamos de la de las mujeres como objetos sexuales, nos referimos a este punto de vista: una persona que se convierte en un objeto para ser usado.

El único principio moral rector en este paradigma es el consentimiento. Usted, un agente libre, puede hacer lo que quiera, siempre y cuando no comprometa la libertad de otro. Permítanme ser clara: el consentimiento es crucial, este en énfasis en la importancia del consentimiento es quizás la única buena característica de este paradigma, la tradición católica comparte este énfasis en el consentimiento. La definición misma de un matrimonio válido depende de la libre elección de cada parte, por citar solo un ejemplo. El problema no es que el consentimiento sea un valor primordial desde este punto de vista, el problema es que es el único valor. El consentimiento debe ser el punto de partida y no el final de la discusión sobre la moralidad sexual. No es suficiente decir que lo mejor que podemos esperar del sexo, moralmente hablando, es que no sea violación.

El consentimiento es una plataforma precaria y hueca para construir toda una ética sexual. No hace nada contra la autodestrucción y poco contra las elecciones que son sutilmente, incluso involuntariamente, coaccionadas. Una mujer vende sexo para apoyar una adicción a las drogas. ¿Está eligiendo libremente esa profesión? ¿La está «empoderando»? Una estrella porno que sufrió abuso sexual cuando era niña ahora está eligiendo recrear su propia explotación por dinero. ¿Es esto bueno? ¿Con qué frecuencia, después de todo, nuestras elecciones son completamente «libres»? Solo una ética arraigada en el valor objetivo de la personalidad humana encarnada puede trazar límites claros contra el abuso y la explotación sexual.

Una consecuencia del movimiento #*MeToo* ha sido revelar las fallas en el paradigma consumista, la pobreza de una moralidad sexual que se basa puramente en el consentimiento. Este movimiento ha dejado claro que alguien puede ser utilizado y perjudicado por relaciones sexuales que son técnicamente consensuales. La era de la liberación sexual no es tan liberadora para las mujeres como lo anunciaba.

Una vez presenté este argumento sobre tratar a alguien como un fin en lugar de como un medio, en un seminario de pregrado, y mis estudiantes feministas que estaban a favor de la prostitución lo rechazaron de inmediato. «¿Qué pasa con un camarero de restaurante?», objetaron. «¿No estás usando a alguien como un medio para un fin cuando le pagas para que te traiga una hamburguesa?». La diferencia, les dije, es que cuando se trata de prostitución y explotación sexual, la persona es la hamburguesa. Lo que se consume y mercantiliza no es comida, sino el propio cuerpo de la trabajadora sexual, su propio ser. Desde una perspectiva antropológica cristiana, el sexo no es solo una actividad corporal, sino una unión de personas completas. Esto hace que el «trabajo» sexual sea único, distinto de otros tipos de trabajo físico.

Mis estudiantes razonaban a partir del dualismo de la visión instrumentalista, un enfoque que separa el yo del cuerpo, haciendo posible ver como objeto el cuerpo mientras se preserva un fantasma de la personalidad arraigado solo en la voluntad. Este es el viejo dualismo cartesiano: «Pienso, luego existo» presentado con un nuevo empaque: «Yo deseo, luego existo». Ahora es el «yo que desea» y luego su existencia, en lugar de que el individuo preceda la racionalidad.

Todas las feministas rechazarían rotundamente el primer tipo de instrumentalismo. No cosifiques ni deshumanices a las mujeres. Pero apostaría a que la mayoría de esas mismas feministas abrazarían con el mismo entusiasmo el instrumentalismo dualista, que anima todo el feminismo «sexopositivo». ¿Pornografía, sadomasoquismo, prostitución? Nada problemático aquí, si una mujer elige participar. De hecho, porque son de su elección, esas mismas cosas se convierten en una fuente de liberación y, sirven para invocar el cliché, del empoderamiento. Esta posición solo es posible de mantener despersonalizando el cuerpo, lo que conduce a un sentido del cuerpo como un accesorio, un aparato, un proyecto de bricolaje en curso.

Una vez que la individualidad se abstrae de la realidad material y se caracteriza por una elección sin restricciones, el cuerpo humano, con sus limitaciones, se convierte rápidamente en un obstáculo que debe superarse. El escritor Wendell Berry articula este retroceso en su ensayo «Feminismo, el cuerpo y la máquina», en un potente párrafo digno de una lectura cuidadosa:

De hecho, nuestra «revolución sexual» es principalmente un fenómeno industrial, en el que el cuerpo se utiliza como una idea de placer o una máquina de placer con el objetivo de «liberar» el placer natural de las consecuencias naturales. Como cualquier otra empresa industrial, la sexualidad industrial busca conquistar la naturaleza explotándola e ignorando las consecuencias, negando cualquier conexión entre la naturaleza y el espíritu o el cuerpo y el alma, y evadiendo la responsabilidad social. Los costos espirituales, físicos y económicos de esta «libertad» son inmensos. El sexo industrial, característicamente, establece su libertad y bondad mediante una contabilidad industrial, acumulando obedientemente un número de «parejas sexuales», orgasmos, etc., con la inevitable implicación industrial de que el cuerpo es de alguna manera un límite a la idea del sexo, que será mucho más abundante tan pronto como pueda ser hecho por robots[25].

La revolución industrial y la revolución sexual son ramas contiguas del mismo árbol retorcido, cuyo fruto seguimos consumiendo ansiosamente, escuchando ese susurro distante: tomad, comed y seréis como dioses.

LA AUTONOMÍA COMO TENTACIÓN

Cuando la libertad se convierte en el *telos* de la existencia humana, el cuerpo se convierte rápidamente en un problema, particularmente para las mujeres, porque nuestra fisiología fértil nos ata íntimamente a otros cuerpos y al resto de la creación. Al adoptar este *telos*, el camino del feminismo hacia la libertad ha sido simultáneamente una huida de la encarnación.

El ideal de autonomía ha sido central para el feminismo moderno desde sus primeros días en el siglo XIX. Elizabeth

---

[25] BERRY WENDELL, *Feminism, the Body, and the Machine*, en *The Art of the Commonplace*. Counterpoint, Berkeley, CA, 2003, p.76.

124

Cady Stanton, precursora de la primera ola, construyó su visión de la liberación de la mujer sobre una concepción del yo como solitario, continuamente suspendido en un aislamiento encapsulado. La mujer vive sola, abandonada como Robinson Crusoe en una «isla solitaria», donde solo ella es «árbitro de su propio destino». Esta es la antropología feminista de Stanton: el alma humana en completo aislamiento, haciendo «el viaje de la vida sola». A pesar de nuestra profunda «hambre de amor y reconocimiento», la naturaleza enseña la agotadora lección de «autodependencia, autoprotección, autoapoyo». La imagen de Stanton de la vida y la persona es sombría. Si bien señala correctamente la irrepetibilidad de cada alma humana, esto no es motivo de asombro sino de desolación. No hay sentido de comunidad, amor recíproco o interdependencia. Ella lleva lo que llama la «idea protestante» del individualismo a un extremo sombrío; somos más como proyectiles que giran a través del espacio que partes interconectadas de un todo común[26].

Con Sanger, este ideal de autonomía se impone concretamente al cuerpo femenino, alcanzable solo a través del control tecnológico. Debido a que la fertilidad corporal amenaza la autonomía, la conexión natural entre el sexo y la procreación debe ser cortada. Simone De Beauvoir retoma esta visión dualista, haciendo que el proyecto concreto de Sanger sea más robusto filosóficamente. Esta sinergia entre el activismo a nivel del suelo y

---

[26] ELIZABETH CADY STANTON, *The Solitude of Self*, discurso pronunciado ante el Congreso, 18 de enero de 1892, https://etc.usf.edu/lit2go/pdf/passage/4854/civil-rights-and-conflict-in-the-united-states-selected-speeches-006-solitude-of-self-address-before-the-committee-of-the-judiciary-of-the-united-states-congress-january-18-1892.pdf.

la especulación de la torre de marfil asegura que el valor de la autonomía, y su antropología dualista, permanezca arraigado en la teoría y la praxis feminista. En última instancia, esto no libera a las mujeres, les causa daño.

Hace varios años, vi una publicación de Facebook escrita por una mujer sobre por qué estaba eligiendo abortar. Esta mujer era una extraña para mí, pero sus palabras fueron ampliamente compartidas, terminando en mi muro. Esto es lo que escribió:

> He estado dando vueltas de un lado a otro preguntándome si publicar sobre esto, pero es algo intensamente personal y multitudinariamente doloroso por lo que estoy pasando. Sin embargo, es importante para mí exponerme como una ilustración de por qué es tan importante tener acceso seguro y fácil a los servicios de aborto. Esta es la segunda vez en mi vida que tomo anticonceptivos hormonales regulares a largo plazo y quedo embarazada de todos modos. Practicar sexo seguro y protegido no es infalible. Estar con una pareja amorosa y a largo plazo no me hace saltar a la parte para ser madre. Y llevar un embarazo a término simplemente no es una opción para mí; física, emocional o financieramente. Sinceramente siento que una mujer tiene derecho a elegir en cualquier escenario… La autonomía corporal existe, y existe por una razón.

Mi primera reacción al leer estas palabras (entonces y todavía) fue de angustia por esta mujer que estaba claramente con mucho dolor y confusión, y por la nueva vida humana cuyo valor fue racionalizado. También me llamó la atención una flagrante y terrible ironía de esa última línea: «La autonomía corporal existe, y existe por una razón». La razón por la que esta mujer se encontró en una situación tan agonizante es el hecho de que la autonomía

126

corporal no existe, como resulta, para las mujeres de la misma manera que lo hace para los varones. Las mujeres, por su propia fisiología, tienen cuerpos que están abiertos a la vida, cuerpos que dan la bienvenida al extraño antes de que la voluntad pueda cerrar la puerta. Nos guste o no, eso es para lo que los cuerpos de las mujeres están diseñados. Un varón puede tener relaciones sexuales hasta que muera de agotamiento, nunca quedará embarazado. Nunca tendrá que agonizar sobre si abortar o no. Es fértil, pero su fertilidad no abre su cuerpo al cuerpo de otro. La autonomía corporal que esta mujer reclama para sí no es natural en ella, sino que debe imponerse a su cuerpo artificialmente a través de la anticoncepción y, cuando eso falla, violentamente a través del aborto.

Esta publicación de Facebook, y las millones de experiencias que representa, revela algo crucial: que el ideal de la libertad sexual completa, de la «autonomía corporal», se forma a partir de la norma masculina. Por lo tanto, para las mujeres, en última instancia, es una tentación: una promesa que no puede cumplir, una promesa que esconde una mentira. «Tomad esta píldora», dice la serpiente del nuevo milenio, «y seréis como varones». Pero una mujer que toma la píldora sigue siendo una mujer, y cuando la ilusión de autonomía colapsa, es ella y su descendencia, quienes pagan el precio de sangre.

Una ideología que visualiza a los seres humanos como átomos aislados, chocando entre sí en el vacío, es una ideología que en última instancia conduce a la división y la destrucción. ¿Cómo sería nuestro actuar si la norma fuera la encarnación femenina? ¿Un *ethos* de interconexión y radical hospitalidad frente a la vida? Un *ethos* que se basa en el valor de la integridad, en lugar de la autonomía: integridad personal que es sinérgica, que se abre por amor para acomodar la integridad de otro. A través del lente de la autonomía, el embarazo es una amenaza, una mala adaptación. Desde otro ángulo, uno que ve la encarnación humana como parte integral de la persona y la persona como un ícono de lo divino, el embarazo se convierte en un espejo viviente a través del cual podemos vislumbrar las cualidades de Dios.

Una mujer embarazada es una imagen de ese Amor que genera todas las cosas, el Amor en el que vivimos, nos movemos y existimos. El yo solitario de Stanton está solo y abandonado, naufragando en una isla de un solo hombre, «arrojado completamente sobre sí para consolarse» en la hora de «sus sufrimientos más agudos», esto es una distorsión. En verdad, el alma humana, como un niño en el útero, nunca está sola. Ella es continuamente sostenida en la existencia no por su propio esfuerzo o voluntad o auto-soberanía, sino por el Amor, que es el motor de toda existencia, el Amor que se imprime en la forma humana para hacerse visible a nosotros. Este es el latido del corazón debajo de las cosas, si podemos aprender a escucharlo. No el rugido desolado de un océano, sino el constante latido de un corazón en llamas.

La normalización de la anticoncepción no solo alteró las circunstancias materiales de las mujeres de maneras complejas y contradictorias; también marcó el comienzo de un nuevo paradigma conceptual, una nueva forma de pensar sobre el sexo, la encarnación y la feminidad misma. Cuando Einar Wegener quedó paralizado por la tentación de convertirse en mujer, (una vez más, una tentación es una promesa que no se puede cumplir), su anhelo incluía el deseo de gestar una nueva vida. Para cuando Christine Jorgensen se embarcó en un viaje similar de metamorfosis, los mástiles de la meta habían cambiado. Para muchos, la feminidad ya no estaba arraigada en una realidad biológica, sino puramente social y ornamental. Aparecer y actuar como una mujer típica parecía suficiente para convertirse en mujer.

Separar de la unión sexual de la procreación provocó una cascada de desconexión que nos ha llevado a toda esta locura del género.

El sexo biológico se ha separado del género, la mujer de la feminidad, el varón de la masculinidad, el cuerpo de la voluntad. Estos cismas son tanto conceptuales como tecnológicos pues son facilitados por tratamientos experimentales, hormonas y cirugías que no han sido rigurosamente estudiadas. ¿Acaso es de extrañar que los padres de hoy no se inmuten ante la idea dar a sus hijos hormonas sintéticas como bloqueadores? Después de todo, ya lo hemos estado haciendo con nuestras hijas adolescentes durante décadas. Este es solo el último capítulo de la misma historia: la fragmentación de la persona humana y la denigración del cuerpo, todo en nombre de la libertad.

SEXO

LA CLÁSICA NOVELA DISTÓPICA *Un mundo feliz* presenta una sociedad totalitaria que ha separado completamente la reproducción humana de la actividad sexual. Los seres humanos son producidos en masa y diseñados en un sistema de castas; desde la infancia, sus deseos son moldeados y condicionados para mantenerlos felizmente esclavizados al sistema social. Los bebés, naturalmente atraídos por la belleza del sol y las flores, son castigados con descargas eléctricas hasta que desarrollan una aversión que los mantendrá «felices» en el entorno industrial de la ciudad. Los adultos son arrullados en un estado de aprobación por la eufórica droga soma, que proporciona una falsa felicidad, un estado de placer superficial que distrae en lugar de satisfacer.

Una hazaña de ingeniería social como esta depende de la conquista completa de la naturaleza, no de la «naturaleza» como en los árboles y las abejas, sino de la naturaleza humana. Aldous Huxley no era cristiano, pero el retrato que pinta es profundamente teleológico. El espejo oscuro de *Un mundo feliz* muestra que la persona humana no es una pizarra en blanco, una *tabula rasa* a la espera de la construcción social. El régimen tiene que trabajar contra una naturaleza presocial que amenaza continuamente con reafirmarse. El estado en *Un mundo feliz* tiene su propio *telos* sintético para imponer, y debido a que el *telos* está conectado con la naturaleza, el estado debe trabajar incansablemente contra la naturaleza humana, deshaciendo sistemática y violentamente cualquier vínculo duradero de amor entre las personas, cualquier inclinación natural hacia la belleza y la integridad de la persona. El matrimonio ha sido erradicado y, de hecho, cualquier forma de monogamia es ilícita.

No hay unidades familiares naturales ni unidades familiares en absoluto: el término «madre» se ha convertido en una obscenidad.

La distopía de Huxley me viene a la mente regularmente en estos días. Hace pocas semanas estaba participando en el ritual estándar del siglo XXI en el trabajo: la capacitación obligatoria de recursos humanos. En mi mundo ideal, esta capacitación podría ser reemplazada por un simple correo electrónico enviado anualmente que dice: «Saludos, este es tu recordatorio anual de Recursos Humanos, no seas un idiota». En cambio, recorremos un largo y tedioso camino por las muchas formas posibles de ofender a nuestros colegas, un recorrido que se vuelve más largo y tedioso cada año, a medida que la lista de ofensas continúa creciendo. La capacitación de este año, por ejemplo, incluyó una directriz para dejar de asociar el género con la biología. «Diga "personas embarazadas", exigía alegremente la diapositiva, "en lugar de mujeres embarazadas"». Al releer esta diapositiva con incredulidad, recordé *Un mundo feliz*, donde la tecnología ha conquistado la biología, donde «madre» se ha convertido en una palabra prohibida. Cuando se trata de sexo, género y sexualidad, nuestro mundo refleja demasiado de cerca la distopía de Huxley. La frase «mujer embarazada» es una microagresión, un insulto, porque hace la suposición ahora transgresora de que solo las mujeres pueden quedar embarazadas.

¿Cómo hemos llegado hasta aquí? ¿Qué se está reescribiendo? ¿Qué se ha desaprendido? Para responder a estas preguntas, debemos profundizar en los conceptos de «sexo» y «género», mapear los significados cambiantes de estas palabras y volver a anclarlas a la realidad. Ese será el enfoque de los siguientes dos capítulos, a medida que analizamos detenidamente el sexo biológico y el género a su vez.

POTENCIAL ESENCIAL

Desde la segunda ola en adelante, el feminismo ha tenido un problema continuo tanto para resistir como para depender de una definición estable de mujer. Por un lado, el propio término «feminismo» indica un enfoque en *lo* femenino, en las mujeres. Sin embargo, el feminismo ha estado marcado por una profunda desconfianza hacia la idea universal y atemporal de lo que es una mujer.

Hay una buena razón para ello, varias culturas y momentos históricos han presentado definiciones deshumanizantes de la mujer, negando a las mujeres los derechos básicos y el acceso a la educación sobre la base de que las mujeres son intelectualmente deficientes y solo buenas para producir hijos, idealmente hijos varones. Las feministas también han señalado la dificultad de encontrar una definición que sea lo suficientemente amplia como para incluir a todas las mujeres: ¿Cuál es el denominador fundamental al que podemos apuntar? No podemos señalar las características físicas, porque eso excluiría a las mujeres que han tenido histerectomías, a las mujeres que les puede crecer barba, las mujeres que son más altas que el promedio de los varones. No podemos señalar la maternidad, porque no todas las mujeres son madres. No podemos señalar los rasgos de carácter, la compasión, la gentileza, porque todos podemos pensar en mujeres que no ejemplifican esos rasgos.

¿Notas cómo esta línea de pensamiento es circular? Estoy rechazando las definiciones de «mujer» sobre la base de que no incluye a todas las mujeres. Estoy dando por sentado, en mis evaluaciones, que existe un ser como «mujer», y luego estoy buscando una manera de articular exactamente lo que distingue a ese ser de otros seres. ¿Qué es la mujer?

La idea de que todas las mujeres comparten alguna propiedad intrínseca que caracteriza a la «feminidad» se llama *esencialismo*. Una perspectiva esencialista afirma que los varones y las mujeres son fundamentalmente, o esencialmente, diferentes. Esto no significa que sean polos opuestos, diferentes en todos los sentidos, sino que hay alguna característica distintiva que todas las mujeres tienen y todos los varones no, y viceversa. En la teoría de género, el esencialismo a menudo se contrasta con el construccionismo social, que es la idea de que no hay diferencias entre varones y mujeres a nivel del ser, y cualquier diferencia que percibamos es producto de la sociedad y la cultura.

El pensamiento feminista, por las razones descritas anteriormente, es abrumadoramente antiesencialista, y para escapar de la tensión causada por rechazar el esencialismo por un lado, mientras conserva un movimiento centrado en la mujer por el otro, muchas feministas apelan al *nominalismo.* El nominalismo, evoca la noción de *nom* o «nombre», es la idea de que podemos agrupar las cosas solo de nombre, sin apelar a una esencia universal que trasciende la cultura. Puedo decir, por ejemplo, que las mujeres existen porque la idea de mujer existe como una construcción mental y social. Las teóricas feministas escriben sobre el uso del esencialismo nominal y «estratégicamente», apelando a una categoría general cuando les conviene, rechazando la categoría cuando no lo hace y resistiendo cualquier intento de definir esa categoría.

Fui atrapada en este bucle nominalista-esencialista como estudiante universitaria. Primero me sentí atraída hacia el feminismo por un impulso abiertamente esencialista: vi mi feminidad como una parte integral de mi identidad, y sentí un anhelo de comprender y abrazar mi dignidad como mujer específicamente. A primera vista, el feminismo parecía ofrecer un espacio donde podía hacer exactamente eso. No esperaba tener que rechazar la idea de la feminidad para encontrar mi dignidad, sin embargo una vez que me sumergí en el pensamiento feminista, rápidamente me di cuenta del hecho de que el esencialismo era un pecado feminista imperdonable.

Recuerdo estar sentada en una clase de filosofía feminista en mi último año de la universidad, discutiendo posibles definiciones de «mujer» con mis compañeros de clase, siempre quedándome corta. Quería seguir apelando al cuerpo, a la biología femenina, pero admito que me quedé perpleja por las excepciones. ¿Las mujeres que han tenido histerectomías ya no son mujeres? Pude ver que esa idea era claramente absurda, pero no pude explicar por qué. Aun así, seguí siendo una esencialista de armario, jugando la carta del nominalismo según fuera necesario, aferrándome secretamente a la idea de que la feminidad era una parte central de mi identidad, que la «mujer» hacía referencia a algo fundamental y real, algo más profundo que una ficción social.

Traté de confesar esto una vez a un compañero de clase. Los dos estábamos tomando la clase de filosofía feminista, ambos feministas autodeclarados sin problema. Un día después de la clase, él me pidió que le explicara mi perspectiva. ¿Cómo entiendo mi identidad como mujer? No recuerdo lo que dije, solo recuerdo que hablé honestamente y su respuesta fue desconfiada: «¡No puedes pensar eso! ¡Eso es *esencialismo*!». La ironía que un compañero (varón) de clase, rechace mi perspectiva para seguir la línea feminista no careció de significado. Su respuesta fue una muestra de cómo el rechazo del esencialismo es una premisa en la mayoría de la filosofía feminista, en lugar de una conclusión bien razonada. Solo había sido feminista por un momento de emoción, y ya era una hereje.

El instrumento que faltaba en mi caja de herramientas analíticas era este: la distinción crucial entre *potencialidad y actualidad*. Encontré por primera vez estos conceptos en la obra del filósofo y teólogo santo Tomás de Aquino, quien a su vez los adaptó de Aristóteles. La potencialidad (también llamada «potencia») se refiere a cualquier potencial o posibilidad inherente que tenga una cosa. La actualidad (también llamada «acto») es la realización o actualización de esa posibilidad inherente. Veamos algunos ejemplos.

Antes de sentarme a escribir esta mañana, vi algunos trabajos de mi hija que está en jardín infantil. Ella está aprendiendo a ordenar las letras en las palabras a partir de la fonética. En una hoja de trabajo, había enumerado personajes de la historia de Navidad: MRA, AGL, RRI, también conocidos como María, Ángel, Rey. Hay algo impresionante

136

en ver sus letras de gran tamaño, temblorosas y, a menudo, al revés dispuestas para crear palabras inteligibles. Hay un potencial dentro de ella, el potencial para leer, escribir, razonar, desarrollar el lenguaje, que está siendo atraído a la realidad, y es emocionante verlo desarrollarse en tiempo real. Ella ha estado en el jardín de infantes solo dos meses, y ya está empezando a escribir y leer.

Mi gato Kafka, también tiene algunas habilidades lingüísticas. Al menos, puede comunicarse bastante bien. Al igual que su tocayo, Kafka está lleno de angustia; maúlla en voz alta cada vez que necesita algo, generalmente agua, comida o atención, y tiene un aullido particularmente profundo y agudo para anunciar la presentación de un trofeo, generalmente el cadáver de una rata. A pesar de su inteligencia y capacidad para comunicarse, si envío a Kafka al jardín de infantes, nunca aprendería a leer. Podría mantenerlo en la escuela hasta que se agotaran sus nueve vidas, y eso nunca sucedería, porque no tiene el potencial inherente para desarrollar la alfabetización. Hay muchos animales más inteligentes que Kafka, pero ninguno de ellos podría hacer lo que mi hija de cinco años está haciendo ahora, porque carecen del potencial para hacerlo, por su propia naturaleza.

¿Cómo nos ayuda esto a definir «mujer»? En mis intentos anteriores y fallidos de establecer una definición, estaba trabajando solo con la idea de actualidad (acto), buscando a tientas una característica que fuera en acto verdadera para todas las mujeres. Sostuve por sentido común e intuición que una mujer es una hembra humana adulta, pero no estaba segura de cómo responder a la inevitable pregunta que surge en respuesta a cualquier definición propuesta: ¿Qué pasa con las mujeres infértiles? ¿Qué pasa con las mujeres posmenopáusicas? ¿Qué pasa con las mujeres que han tenido mastectomías e histerectomías? ¿Qué pasa con las mujeres con un cromosoma Y?

La potencialidad resuelve este problema. Una mujer es el tipo de ser humano cuyo cuerpo está ordenado en torno al potencial de gestar una nueva vida. Esta potencialidad que pertenece a la feminidad siempre está presente, incluso si hay algún tipo de condición, como la edad o la enfermedad, que impide que ese potencial se realice. La categoría misma de «infertilidad» no socava esta definición, sino que la afirma. Un humano masculino que no puede quedar embarazado no se considera «infértil», porque nunca tuvo ese potencial. Una mujer que no puede quedar embarazada tiene ese potencial, por lo que se la considera infértil. La infertilidad nombra la incapacidad a menudo dolorosa y devastadora, para actualizar el potencial procreativo.

Tal vez he encontrado una definición de mujer bien blindada, pero ¿no reduce esta definición a las personas a la función reproductiva? ¿No es eso deshumanizante? La primera respuesta que tengo a esta objeción es que esta definición no se trata de *la función* per se, sino del potencial innato. Esta es una distinción importante, porque afirma la realidad de que las mujeres que no procrean siguen siendo plenamente mujeres.

Mi segunda respuesta es recordar ese principio rector de pensar como católico: cuando hablamos de persona, siempre estamos hablando de cuerpo *y* alma, un ser físico-espiritual. Nuestra consideración de la feminidad debe incluir el sexo biológico, pero también debe extenderse más allá de él para considerar a la persona en su totalidad. Esa es la tensión viva que necesitamos comprender: permanecer arraigados en el cuerpo pero no reducidos al cuerpo.

Hace poco vi una publicación de la marca Tampax que declaraba: «No todas las personas con períodos son mujeres.

¡Celebremos la diversidad de personas que sangran!»[1]. Esto hace eco de la visión del mundo detrás de la capacitación que tomé que exigía la frase «personas embarazadas» en lugar de «mujeres embarazadas». He visto casos similares en otros lugares: personas con cuello uterino, personas que dan pecho, progenitor que da a luz, todos saltos mortales lingüísticos para hablar sobre cuerpos femeninos sin usar el término mujer. Esto me parece el enfoque deshumanizante y basado en la función, en lugar de un término que evoca una entidad integrada y personal, «mujer». Tenemos frases basadas en la función y luego vagamente unidas a la personalidad, que es necesariamente delimitante. «Progenitor que da a luz» se centra estrechamente en la función de dar a luz; «madre» evoca ese papel, pero florece mucho más allá de él, abarcando mucho más que un evento o función singular.

Es el paradigma de género el que emplea la categorización basada en la función en lugar de la categorización basada en la persona. Al divorciar la feminidad del concepto de «mujer», este paradigma crea un cisma entre el cuerpo y la identidad. En lugar de la integración cuerpo-identidad, nos quedamos con la fragmentación, una imagen de la persona humana como un muñeco «señor cara de papa»: un cascarón hueco y neutro que viene con una variedad de partes reorganizables.

LA CIENCIA DEL SEXO

Ahora que tenemos una definición de mujer que está conectada con la feminidad, abordemos algunas de las

---

[1] Tampax US (@Tampax), Twitter, 15 de septiembre de 2020, https://twitter.com/Tampax/status/1305952342504767491.

suposiciones erróneas sobre el sexo biológico en nuestra cultura. Uno de mis mejores momentos de enseñanza en teoría de género fue atraer con éxito a mis estudiantes a la siguiente trampa de pensamiento. Durante una de nuestras discusiones en clase, noté que algunos estudiantes repetían como loros que el sexo biológico es «asignado» al nacer por médicos y padres en lugar de ser identificado o reconocido. «Espera un segundo», dije. «¿Es innata la orientación sexual, algo con lo que nacemos?». Mis estudiantes asintieron fácilmente, este es un dogma bien establecido. «¿Y también están diciendo que el sexo biológico es una construcción social, una categoría arbitrariamente "asignada" al nacer?» Asienten más vigorosamente. «¿Cómo es eso posible? ¿No son contradictorias esas afirmaciones? ¿Cómo es posible tener una atracción innata por algo que es simplemente una construcción social?» Ajá, en ese milisegundo, vi un breve destello de luz atravesar la neblina posmoderna. Incluso si se alejaban rápidamente, al menos habían reconocido la contradicción.

La idea extraña de que el sexo biológico se «asigna» al nacer para todos es uno de los varios mitos sobre el sexo que han ganado una amplia aceptación en nuestro tiempo. Estos mitos tienden a agruparse, como una trampa que se abre a otra. Una vez que aceptas un mito como verdadero, rápidamente caes libremente por la madriguera del conejo. La primera trampa es esta idea: el sexo no es binario sino un espectro. Esto lleva a la noción de que las categorías «masculino» y «femenino» son construcciones sociales, en lugar de términos que corresponden a una verdad objetiva sobre la naturaleza humana. Si el sexo es una construcción, entonces las etiquetas «niña» y «niño» son de hecho «asignadas» por los médicos, que crean así la ilusión de un binario. Por último, si el sexo de nacimiento

140

no se identifica a partir del cuerpo, sino que se proyecta en el cuerpo, entonces el sexo puede cambiarse.

La puerta de entrada a esta espiral de mitos es la afirmación de que el sexo no es binario, en otras palabras, la afirmación de que hay más de dos sexos o que el sexo es un espectro. La pregunta es: ¿Tenemos buena evidencia para apoyar esta afirmación?

¡Vamos! Hagamos un recorrido mágico y misterioso a través de la ciencia del sexo.

El cuerpo humano está ordenado teleológicamente de acuerdo con nuestro papel distintivo en la reproducción de la especie. La estructura de nuestros cuerpos está dispuesta para producir células sexuales grandes o células sexuales pequeñas. Estas células sexuales se llaman gametos. Los gametos grandes son óvulos y los gametos pequeños son espermatozoides. Una fisiología dispuesta para producir óvulos es femenina, y una fisiología dispuesta para producir espermatozoides es masculina. Esta doble distinción entre gametos grandes y pequeños es estable y universal, no solo en toda la especie humana, sino también entre todas las especies vegetales y animales que se reproducen sexualmente.

No existe tal cosa como un tercer gameto o un espectro de gametos posibles. Esta característica invariable de nuestra humanidad nos une íntimamente al resto de la creación. Cuando los gametos se combinan, pueden crear un nuevo miembro de la especie. El sexo binario, entonces, es la base necesaria para la transmisión continua de la existencia humana. (Si es solo una construcción, estamos en problemas).

En lugar de asignarse arbitrariamente al nacer, el sexo de un bebé se determina en la concepción, a través del gen SRY (o su ausencia). Este gen es el interruptor maestro de la diferenciación sexual; si se activa, el gen SRY inicia un proceso de desarrollo sexual hacia la producción de gametos masculinos. Sin una activación exitosa de SRY, las gónadas de un bebé en desarrollo se convierten en ovarios, que están estructurados para producir gametos femeninos.

Si la ciencia es clara, y el binario sexual en los humanos ha existido durante millones de años, ¿por qué de repente nos enfrentamos a la nueva noción del sexo como espectro? En el siguiente capítulo, esbozaré una posible genealogía para esta idea; aquí, me gustaría responder a dos argumentos centrales detrás de la hipótesis del espectro.

Esta es la réplica más común que escucho: «El sexo no es binario, las personas intersexuales existen». Los soldados de infantería de la brigada de género siempre se aseguran de llevar la tarjeta intersexual lista en una funda. Esta referencia reflexiva a la intersexualidad es un gran movimiento retórico, porque la mayoría de la gente no sabe lo suficiente sobre el tema para dar una respuesta convincente. El término se usa de tal manera que sugiere que «intersexual» se refiere a algo completamente fuera del binario masculino / femenino, como alguna tercera categoría de personas del tercer sexo, que no son ni varones ni mujeres, o de alguna manera son tanto varones como mujeres. De esta manera, la carta de triunfo intersexual se utiliza para borrar la realidad fundamental y estable del sexo biológico, con el fin de justificar la idea de que el sexo es una construcción y abrir la puerta a la autoidentificación ilimitada.

El término «intersexual» es un término general que abarca una serie de condiciones que interrumpen el desarrollo de ciertas características sexuales. A pesar de su prevalencia en el mundo de la teoría de género, el término es impreciso y a menudo mal utilizado. La literatura médica tiende a usar el término «trastornos del desarrollo sexual»

142

(TDS). También he visto «diferencias del desarrollo sexual» y «anomalías del desarrollo sexual» (ADS). Prefiero el término «condiciones congénitas del desarrollo sexual» (CCDS), que es médicamente preciso y evita la palabra «trastorno» que algunos encuentran estigmatizante. Además, incluir la palabra «congénita» limita útilmente la gama de condiciones. Si bien pueden ocurrir interrupciones tardías del desarrollo sexual, estas no resultan en ambigüedad sexual al nacer. Si «intersexual» se usa para invocar una categoría entre los sexos, es un nombre inapropiado. Sin embargo, la etiqueta se puede usar con precisión cuando se refiere a una variación biológicamente basada dentro de la masculinidad o la feminidad.

Me encontré por primera vez con el concepto de intersexualidad en la escuela de posgrado, cuando estudiaba teoría de género. Me encontré con el libro *Cuerpo sexuados* (*Sexing the Body*) de la bióloga Anne Fausto-Sterling y lo encontré absolutamente fascinante. Nunca antes había hecho una inmersión profunda en las complejidades del desarrollo sexual, y sus conclusiones radicales me hicieron explotar la cabeza. Utilicé este libro como fuente primaria en el proyecto final de mi trabajo de maestría, en el que argumenté que la ciencia en sí, es una disciplina de género con un sesgo masculino inherente (una línea de argumentación entretenida pero en última instancia defectuosa).

Fausto-Sterling es el hada madrina del ámbito intersexual, esa referencia simbólica a las personas intersexuales utilizada para desmantelar la idea de un binario sexual. Su trabajo también es el origen de conceptos erróneos comunes sobre los CCDS, como la idea de que estas condiciones son tan comunes como ser pelirrojo. En un artículo en coautoría, "¿Qué tan sexualmente dimórficos somos?", Fausto-Sterling *et al.*, argumentan que el sexo debe entenderse como algo continuo, en lugar de un binario, y una parte clave de su argumento es la noción de que las condiciones intersexuales son bastante comunes, ocurriendo en hasta 1,7 por cada 100 nacidos vivos (1,7 %)[2]. Llegan a este número a través de una definición demasiado expansiva de intersexualidad, una que incluye a cualquier «individuo que se desvíe del ideal platónico del dimorfismo físico a nivel cromosómico, genital, gonadal u hormonal»[3]. Esta amplia definición incluiría afecciones como el síndrome de ovario poliquístico (SOP), un trastorno hormonal que ocurre cuando una mujer produce un exceso de andrógenos, o el síndrome de Klinefelter, cuando un varón tiene un cromosoma X adicional. (¡Incluso podría incluirme a mí! Mi situación de vello corporal definitivamente no está en línea con el ideal platónico). Si bien estas condiciones pueden conducir a problemas de fertilidad, no causan ambigüedad sexual. Una mujer con SOP es claramente mujer, y un varón con Klinefelter es claramente varón, a menudo inconsciente de su variación cromosómica hasta que intenta tener hijos.

De hecho, las cinco condiciones más comunes que Faust-Sterling clasifica como «intersexual» en realidad no involucran casos de ambigüedad sexual. Cuando restringimos la categoría para incluir solo tales casos, el número se desploma a 0,018 %, una cifra cien veces *menor* que la estimación de Fausto-Sterling[4] . En lugar de la tasa inflada

---

[2] M. BLACKLESS et al., *How Sexually Dimorphic? Review and Synthesis*, American Journal of Human Biology 12, no. 2, 2000 p. 151–66, https://pubmed.ncbi.nlm.nih.gov/11534012/

[3] BLACKLESS et al., *How Sexually Dimorphic?*, p. 161.

[4] SAX LEONARD, *How common is Intersex? A Response to Anne Fausto-Sterling, Journal of Sex Research* 39, no. 3 2002 p. 174–78, https://pubmed.ncbi.nlm.nih.gov/12476264/.

de 1,7 de cada 100 nacimientos, los CCDS ocurren en menos de 2 de cada 10 000 nacimientos. Este es un punto crucial para entender: la gran mayoría de las personas a menudo categorizadas como intersexuales son sin lugar a dudas varones o mujeres, incluso si la presentación de masculinidad o feminidad es atípica de alguna manera.

Tomemos la condición de agenesia vaginal, que Fausto-Sterling clasifica como intersexual. Las niñas que nacen con esta afección tienen una vagina que no está completamente desarrollada, junto con ovarios completamente funcionales, lo que conduce a características sexuales femeninas. En la lógica de Fausto-Sterling, una niña con agenesia vaginal no es «realmente» femenina. Irónicamente, su intento de criticar los ideales platónicos de masculinidad y feminidad en realidad refuerza esos ideales, al eximir por completo a aquellos con variaciones en el desarrollo sexual del binario sexual.

Dado el hecho de que el desarrollo sexual es un proceso y en cada etapa del proceso, las cosas pueden no salir bien, en realidad me sorprende lo poco frecuentes que son los casos de genuina ambigüedad sexual y que haya tan pocos. Estadísticamente hablando, el sexo es fácilmente reconocible al nacer para el 99,98 % de los seres humanos, eso es notablemente coherente. En los casos periféricos restantes, la realidad del sexo todavía está presente, pero debe discernirse con más cuidado, no por curiosidad, sino por la salud física de la persona. Esto no se debe a que esos individuos no sean ni varones ni mujeres, sino más bien porque el proceso de desarrollo de ser varones o mujeres dio algunos giros inesperados.

Discernir el sexo en estos individuos implica observar múltiples factores tomados en conjunto: cariotipo (cromosomas), fenotipo (genitales), gónadas (ovarios o testículos), estructuras internas que apoyan la producción de gametos y hormonas. La ambigüedad sexual ocurre cuando el fenotipo no es fácilmente clasificable como masculino o femenino, o cuando el cariotipo no es consistente con el fenotipo, como en los casos del síndrome de insensibilidad completa a los andrógenos (SICA)[5]. El uso demasiado amplio del término «intersexual» tiende a privilegiar el cariotipo y el fenotipo, mientras que pasa por alto la producción de gametos y la estructura del cuerpo como un todo. Ante la ambigüedad en estos dos primeros factores, los «generistas» tienden a concluir prematuramente que el veredicto está en que el binario sexual es falso. Los memes populares, como la persona galleta de jengibre (*genderbread person*), ponen al sexo en un espectro y definen el sexo como un conjunto de mezcla y combinación de «genitales, forma del cuerpo, tono de voz, vello corporal, hormonas, cromosomas, etc.». La producción de gametos no se menciona en absoluto, a pesar de que esta es la base del sexo biológico.

Esto refleja un error común: reducir el sexo biológico a características sexuales secundarias, ver el sexo simplemente como una cuestión de apariencia genital o desarrollo de los senos. El paradigma de género fundamentalmente malinterpreta lo que es el sexo, confundiendo causa con efecto. Las características sexuales secundarias se desarrollan como consecuencia del sexo, son el efecto y no la causa.

Este malentendido a menudo se perpetúa para llegar a una conclusión deseada: la noción de que una persona puede cambiar su sexo. Si el sexo se define por características secundarias como la apariencia genital y la profundidad de

---

[5] SAX LEONARD, *How common is Intersex? A Response to Anne Fausto-Sterling*

la voz, entonces es posible cambiar de sexo a través de la cirugía y las hormonas sintéticas. Sin embargo, si el sexo se trata fundamentalmente de cómo se ordena el cuerpo en relación con la producción de gametos, una potencialidad (potencia) que no puede ser dotada por un bisturí, entonces la verdad innegable es esta: *no* es posible cambiar el sexo, porque el sexo es constitutivo de toda la persona.

Cuando se enfrenta a la ambigüedad a nivel de fenotipo y cariotipo, la mejor respuesta no es encogerse de hombros y abrazar el espectro, sino continuar el discernimiento del sexo observando las estructuras anatómicas que apoyan la producción de gametos grandes o pequeños. Aunque el término «hermafrodita» solía aplicarse a casos de ambigüedad sexual, este es un nombre inapropiado y deshumanizante. Los hermafroditas son especies que no tienen sexos separados como los caracoles, en cambio, cada miembro de la especie tiene la capacidad de producir gametos grandes y pequeños y, por lo tanto, puede asumir el papel de «macho» o «hembra» en la reproducción. Para este tipo de especie, la reproducción hermafrodita es la norma. La biología humana, por otro lado, no tiene este modo de reproducción. En el CCDS más raro, un individuo puede desarrollar tejido ovárico y testicular, pero incluso en este caso, él o ella producirá un gameto u otro, no ambos. Solo ha habido unos quinientos casos documentados de un CCDS ovotesticular en la historia médica, y no hay evidencia directa en la literatura de un ser humano hermafrodita, alguien capaz de producir gametos pequeños y grandes[6].

---

[6] Ver ÖZDEMIR MELTEM et al., *Ovotesticular Disorder of Sex Development: An Unusual Presentation*, Journal of Clinical Imaging Science 9, no. 34, 2019, https://www.ncbi.nlm.nih.gov/pmc/articles/PMC6737443/.

Cuando se tienen en cuenta todas las dimensiones del sexo, el sexo se puede discernir en cada ser humano. Concluir lo contrario es excluir a algunos individuos de una realidad en la que todos participamos. Este tipo de pensamiento tiene consecuencias no deseadas y dañinas, que conducen a la violación corporal.

Integridad corporal

A pesar de sus defectos, uno de los aspectos más valiosos del trabajo de Fausto-Sterling es su crítica de la mutilación genital infantil (MGI), cirugías médicamente innecesarias en bebés nacidos con CCDS. Esto solía ser una práctica médica estándar. Si un bebé nacía con genitales atípicos o ambiguos, la reacción era sacar el bisturí e intentar esculpir genitales de aspecto más normal. Una niña que nace con un clítoris agrandado (clitoromegalia) podría ser sometida a una cirugía genital innecesaria para hacer que el clítoris parezca más normal. Las cirugías como esta, que son puramente cosméticas, pueden conducir a una reducción de la función sexual y la sensibilidad.

Aún más inquietante: un bebé podría ser categorizado y criado como del sexo opuesto, simplemente debido a la apariencia externa de los genitales. Esta es la situación en la que la frase «sexo asignado» es precisa: un bebé con un micropene podría haber sido alterado quirúrgicamente y criado como una niña, simplemente porque sus genitales masculinos no coincidían con la norma. Es más fácil imitar quirúrgicamente la apariencia de una vagina, por lo que los bebés con genitales ambiguos fueron designados más regularmente como «femeninos», independientemente de la estructura corporal general. Recuerdo esta frase

148

escalofriante del libro de Fausto-Sterling, que ella atribuyó a un cirujano: «Puedes hacer un agujero, pero no puedes construir un poste».

El problema animador detrás de la práctica de MGI es una idealización de cómo deben verse los genitales masculinos y femeninos. El énfasis está en la apariencia cosmética, en lugar del respeto por la integridad del cuerpo y cómo el cuerpo se ordena como un todo.

El activismo intersexual surgió por primera vez en la década de 1990, no como un intento de desmantelar el binario sexual, sino más bien para poner fin a las prácticas médicas dañinas y crear conciencia sobre los CCDS. La Sociedad intersexual de Norteamérica (ISNA en inglés) abogó con éxito por cambios innovadores en el sistema de salud. Las guías clínicas publicadas en 2006 establecieron nuevos protocolos para responder a los bebés con CCDS, incluido un enfoque más cauteloso para la intervención quirúrgica, con atención a la función corporal y la necesidad médica en lugar de la apariencia. Después de estos éxitos, ISNA se disolvió en 2008, más o menos cuando aprendí por primera vez sobre las condiciones intersexuales en la escuela de posgrado. En ese momento, parecía que estábamos entrando en una nueva era de respeto a la dignidad y la integridad corporal de las personas con CCDS, pero la incorporación de la teoría de género posmoderna está revirtiendo ese progreso.

Los defensores del espectro sexual afirman ser aliados de las personas con CCDS, y estoy segura de que la mayoría están actuando de buena fe. Pero la invocación automática «¡Las personas intersexuales existen!» se usa para poner en duda la realidad del sexo biológico en lugar de cultivar una conciencia de las circunstancias y necesidades únicas de las personas con CCDS. Irónicamente, los «generistas» posmodernos caen en el mismo error que aquellos cirujanos que realizaron cirugías innecesarias: ponen un énfasis indebido en los estereotipos idealizados de cómo deben *verse* los varones y las mujeres. Si nos referimos al unicornio de género, un meme de internet que pone la teoría posmoderna de género en un diagrama caricaturesco, hay tres opciones enumeradas para el «sexo asignado al nacer»: masculino, femenino y otro / intersexual. Este meme clasifica «intersexual» como algo que no sea masculino ni femenino, una caracterización errónea que se encuentra comúnmente en la retórica activista. Desafortunadamente, esta forma de enmarcar a los CCDS deshumaniza a las personas intersexuales al insistir en que cualquier desviación de las normas idealizadas no es «realmente» masculina o femenina, sino «otra». En este entendimiento, una niña nacida con genitales atípicos es expulsada de la categoría «mujer» por completo y colocada en alguna tercera categoría amorfa o abandonada a lo largo de un espectro entre masculinidad y feminidad.

Cada vez más, el término «intersexual» se invoca como una carta ganadora en los debates sobre identidades transgénero. La adición de una «I» al siempre expansivo acrónimo LGBTQIA + combina, de una manera reductiva e inútil, las situaciones muy diferentes de las personas con CCDS y las personas trans-identificadas. Un punto notable de tensión es la cuestión de la integridad corporal.

El esfuerzo del activismo intersexual se ha centrado en poner fin a las cirugías de mutilación, valorar la salud y la integridad sobre la apariencia idealizada y preservar la integridad del cuerpo en cualquier forma que venga. Estos esfuerzos están en tensión con el activismo transgénero, que aboga por cirugías invasivas en cuerpos sanos, valora la apariencia cosmética sobre la salud y la función corporal,

150

y no respeta la integridad del cuerpo como un bien que debe preservarse. Los procedimientos que los activistas intersexuales describen como «mutilaciones» son los mismos procedimientos en los que activistas trans insisten son buenos y necesarios, incluso para menores de edad. La MGI es denunciada con razón no solo porque no son consensuales, este es un factor crucial, sino también porque causan un daño innecesario al cuerpo. Para la activista trans, la integridad del cuerpo importa *solo cuando yo quiero que importe*. La fantasía de la posmodernidad es que tenemos control sobre nuestra naturaleza, que somos los amos, los dioses, los creadores. En lugar de afirmar esa fantasía, las personas con CCDS la exponen como falsa, porque están contando con realidades corporales fuera de su control.

Ha habido intentos de categorizar a las personas que se identifican trans como intersexuales, generalmente apelando a la idea de un «sexo cerebral» congénito que no se alinea con el sexo corporal. Varios estudios de neuroimagen han explorado la hipótesis de que el cerebro de las personas trans-identificadas tienen una mayor similitud con el cerebro de su género profesado que de su sexo de nacimiento. Hay problemas con esta teoría en tres niveles distintos. En primer lugar, no hay evidencia sólida de una asociación entre la estructura cerebral y la trans identificación y los estudios de neuroimagen que existen son pequeños y muy limitados, y generan resultados no concluyentes y contradictorio [77]. En segundo lugar, *incluso si*

---

[77] Un informe de 2016 del médico MAYER LAWRENCE y el psiquiatra MCHUGH PAUL publicado en *The New Atlantis* ofrece una visión general completa de los estudios de ingeniería cerebral, concluyendo que los estudios «muestran evidencia no concluyente y hallazgos mixtos con respecto a los cerebros de adultos transgénero. Los patrones de activación cerebral en estos estudios no ofrecen evidencia suficiente para sacar

tuviéramos evidencia sólida de estas diferencias cerebrales estructurales y funcionales, debido a la neuroplasticidad, la relación causal seguiría sin estar clara. En otras palabras, sería imposible saber si tales diferencias eran congénitas y conducían a la trans identificación o si la identificación trans y la transición habían recableado el cerebro[8]. En tercer lugar, *incluso si* tuviéramos evidencia sólida para esta asociación *y* evidencia de que es congénita como una condición intersexual, todavía llegamos a otro problema: ¿Por qué el sexo debería definirse de acuerdo con la neuroanatomía en lugar de ser por la presencia de un sistema reproductivo saludable, cuando el sexo es fundamentalmente una categoría reproductiva? Redefinir el sexo de acuerdo con la estructura y función del cerebro significaría que *cualquier* mujer o varón cuyas neuroimágenes se desvían de la norma no es «realmente» una mujer o un varón en absoluto. No niego que algunos casos de incongruencia sexual puedan

---

conclusiones sólidas sobre las posibles asociaciones entre la activación cerebral y la identidad o excitación sexual. Los resultados son contradictorios y confusos». Ver MAYER Y MCHUGH, Special Report on Sexuality and Gender: Findings from the Biological, Psychological, and Social Sciences, *The New Atlantis* 50 otoño de 2016. Para estudios adicionales más recientes, que también proporcionan resultados contradictorios, consulte S. MUELLER et al., *A Structural Magnetic Resonance Imaging Study in Transgender Persons on Cross-S ex Hormone Therapy*, Neuroendocrinology 105, 2017; URIBE CARME et al., *Brain Network Interactions in Transgender Individuals with Gender Incongruence*, NeuroImage 211, 2020. artículo no. 116613, https://doi.org/10.1016/j.neuroimage.2020.116613.

[8] Un estudio revisado por pares de 2018 concluye: «Dada la estrecha relación e interacción entre la cultura, el comportamiento y el cerebro, el cerebro del individuo se adapta a la nueva condición (cultura) y conceptos y comienza a alterar su función y estructura». Ver M. R. MOHAMMADI Y ALI KHALEGHI, *Transsexualism: A Different Viewpoint to Brain Changes*, Clinical Psychopharmacology and Neuroscience 16, no. 2, 2018, p.136–43, https://www.ncbi.nlm.nih.gov/pmc/articles/PMC5953012/.

152

tener una base neurológica, eso es ciertamente posible. Lo que estoy discutiendo es la idea de «sexo cerebral», que no está respaldada por evidencia y contradice una comprensión biológica básica de lo que es el sexo.

Permítanme reunir los hilos importantes aquí. El sexo no es un espectro, sino un binario estable, no solo en la especie humana sino en todas las especies de plantas y animales sexualmente reproductivas. No hay un tercer sexo, no hay espectro de sexos posibles.

En el proceso de desarrollo sexual, puede haber variaciones que conducen a manifestaciones atípicas de masculinidad y feminidad. En el 99,98 % de estos casos, el sexo es fácilmente reconocible como inequívocamente masculino o femenino. Categorizar a estos individuos como «intersexuales» u «otros» lleva a la idea de que algunas mujeres son «más» o «menos» mujeres en función de cuán cerca se aproximan sus cuerpos a la norma. ¿Soy «menos» mujer porque tengo más vello facial y corporal que el ideal? ¿Soy menos mujer porque, como me dijeron en la escuela secundaria, mis piernas se parecen a las piernas de un varón? Esta forma de pensar dibuja una caja estrecha y superficial alrededor de la masculinidad y la feminidad, y degrada a cualquiera que caiga fuera de sus límites.

El 0,02 % de los casos en los que el sexo no es fácilmente identificable no representan un tercer sexo o puntos en un espectro. Incluso aquí, el sexo está presente y debe discernirse con una atención a la persona en todas sus dimensiones y apoyando su salud física. Estas situaciones extremadamente raras son, por definición, únicas y particulares, y el enfoque debe estar en las necesidades específicas del individuo. Algunos CCDS, al igual que otras afecciones congénitas, requieren atención médica y manejo para mantener la salud e integridad corporal.

Utilizar la existencia de personas intersexuales para promover una comprensión posmoderna del sexo y el género es injusto. La forma más humanizadora y precisa de ver los CCDS es entender estas condiciones no como excepciones del sexo binario, sino como variaciones dentro del binario. Necesitamos hacer espacio *dentro de* las cajas de varones y mujeres para una amplia gama de tipos de cuerpo y personalidades. No necesitamos abolir las casillas por completo.

EL CUERPO COMO SACRAMENTO

He estado bastante tiempo en el plano biológico. Es importante entender qué es el sexo y cómo ocurre el desarrollo sexual para poder contrarrestar los mitos posmodernos. Sin embargo, ese no puede ser el alcance de nuestra discusión si estamos pensando desde una perspectiva cristiana. Nuestra consideración del sexo y el género debe estar en sintonía con la realidad holística y sagrada *de la persona*: la persona como una unidad integrada de cuerpo y alma. Debemos seguir un camino de contemplación que vea las diversas dimensiones de la persona para recibir el milagro que encarna cada uno de nosotros, este es un camino que se mueve hacia la integración. El enfoque posmoderno del sexo y el género corre en la dirección opuesta, hacia la fragmentación, un yo fragmentado, donde el cuerpo, la psique y el deseo se separan, y donde el cuerpo no es la base de la identidad personal, sino más bien su herramienta.

En contraste, el enfoque personalista nos permite ver a cada ser humano como una *persona,* en lugar de una colección de etiquetas cada vez más proliferantes, y lo que es más importante, sintonizar nuestra conciencia con la

154

sacramentalidad de cada cuerpo humano. El cuerpo no es «solo» materia. El cuerpo es la manifestación de la persona.

El principio sacramental siempre está en acción: lo visible revela lo invisible. El cuerpo nos revela la realidad eterna y divina de la persona, una realidad que solo puede irrumpir en el mundo tangible y sensible a través de la encarnación.

Así es como Dios entra en nuestro mundo y se revela, a través de la realidad encarnada de Cristo, que se convirtió en un cuerpo para que podamos conocer y amar al Dios invisible. La Encarnación es a la vez un momento histórico, un hito en la línea de tiempo de la historia del mundo, y un momento eterno. La Persona divina que creció en el seno de María es también la Persona que, en la Eucaristía, se viste con las moléculas del pan y vino, para ser colocada en nuestras lenguas e ingerida por nuestros corazones. Este misterio, el misterio sacramental de la Encarnación, debería enmarcar nuestra visión de todo.

Fácilmente perdemos de vista este misterio, permitimos que nuestra visión se contraiga y se vuelva superficial y egoísta. Caemos en el error perenne de ver algunos cuerpos humanos no del todo humanos y, por lo tanto, desechables, expulsados de la categoría de lo que se mira y se valora.

Esta tendencia desgastada por el tiempo se exhibe en la historia de Flannery O'Connor: *Un templo del Espíritu Santo*. Contada desde la imaginación de una niña que fantasea con el martirio heroico mientras escatima en sus oraciones, esta historia arroja un rayo brillante sobre la dignidad y la sacramentalidad de la persona intersexual.

Hay una feria en la ciudad, con una rueda de la fortuna, carrusel y exhibiciones en carpas cerradas solo para adultos. La niña protagonista escucha a dos niñas mayores hablando en voz baja sobre lo que vieron en una de las tiendas: una «persona rara» que era «varón y mujer al tiempo»[9]. Esta persona tenía «un nombre en particular», pero las chicas no lo recuerdan, sino que usan términos degradantes y el pronombre de anulación «eso»[10].

A la niña, no se le permite entrar en la exposición cerrada, pero su gran imaginación embellece los escasos detalles proporcionados por las chicas mayores. Ella imagina la exhibición como una predica de carpa donde la persona intersexual dice: «Dios me hizo esto… Dios me dio esto y lo alabo» y la gente murmura: «Amén. Amén». La predicación continúa: «Levántate eres templo del Espíritu Santo. ¡Tú! Eres el templo de Dios, ¿no lo sabes? El Espíritu de Dios tiene una morada en ti, ¿no lo sabes?... Un templo de Dios es algo santo. Amén. Amén. Soy un templo del Espíritu Santo»[11].

Esta fantasía de una predica de adoración dirigida por la persona intersexual se opone a cómo responden las autoridades religiosas de la ciudad. Al final de la historia, la feria ha sido cerrada prematuramente, después de que los predicadores de la ciudad hacen una inspección y le dicen a la policía que «la cierre»[12]. En lugar de susurrar «amén» y alabar a Dios por su obra, la gente del pueblo dice «vete».

En una de sus cartas personales, O'Connor explica cómo ese personaje intersexual es la única persona que se acerca a la santidad en la historia. Ella escribe: «Lo más cercano a la pureza en esta historia es la aceptación de lo

---

[9] O'CONNOR FLANNERY, Temple of the Holy Ghost, The Complete Stories Farrar, Straus y Giroux, Nueva York: 1997, p. 245.

[10] O'CONNOR, *Temple of the Holy Ghost*, p. 245.

[11] O'CONNOR, *Temple of the Holy Ghost*, p. 246.

[12] O'CONNOR, *Temple of the Holy Ghost*, p. 248.

que Dios quiere para nosotros, una aceptación de nuestras circunstancias individuales»[13] Solo la persona intersexual muestra esa sabiduría espiritual, la pureza de la autoaceptación, una pureza aún más notable frente al ostracismo.

La parte final de la historia se centra en otro tipo de exposición: la Adoración Eucarística, la práctica Católica de sentarse en reverencia ante una Hostia consagrada, el pequeño círculo de pan que ha sido transformado por el Espíritu Santo en el Cuerpo de Cristo. Esta forma del Cuerpo de Cristo es inesperada, muy contraria a nuestras suposiciones sobre lo que debería ser.

Cuando la niña ve la custodia elevada con el Cuerpo de Cristo «de color marfil brillando en el centro de ella», piensa de nuevo en la persona de la tienda cerrada, y oye a esa persona decir: «Así es como Él quería que fuera»[14].

A través de este imaginario religioso, O'Connor retrata hábilmente dos verdades simultáneamente. Primero, el hecho innegable que las personas con cuerpos inesperados a menudo son rechazadas, ridiculizadas y deshumanizadas. Esto aún sucede, a pesar de su llamado progresismo, la descripción actual de las personas intersexuales como ni varones ni mujeres, es simplemente la última versión políticamente correcta de llamar «raro» y «eso» a alguien.

En segundo lugar, O'Connor está trazando un profundo paralelo entre la persona intersexual y Cristo mismo. Como Cristo, la identidad de la persona desconcierta y confunde a la multitud. Al igual que Cristo, la persona es rechazada, burlada y descalificada; como Cristo en la Adoración, el cuerpo de la persona está en exhibición. Así

---

[13] O'CONNOR FLANNERY, *The Collected Works*. Library of America. Nueva York, 1988 p. 976.

[14.] O'CONNOR, *Temple of the Holy Ghost*, p. 248.

como la Persona Divina de Cristo se hace visible por su Cuerpo Eucarístico, el cuerpo intersexual es también una revelación, una imagen sacramental del Dios vivo y un templo de Su Espíritu. El paralelo extendido resalta la hipocresía, la contradicción inherente de adorar el Cuerpo de Cristo, su divinidad y humanidad, mientras denigra el cuerpo intersexual, que lleva dignidad divina.

Esta historia nos invita a tomar una postura de adoración, ver toda la realidad y a cada ser humano, a través del misterio de la Encarnación. Cada cuerpo es un ícono de Cristo, cada cuerpo es un sacramento que nos revela el misterio sagrado e irrepetible de la persona.

Dejemos que nuestras rodillas tiemblen de asombro ante esto.

Amén, amén, amén.

GÉNERO

Una vez una colega estaba consternada porque un estudiante en mi clase de teoría de género no pudo enunciar la diferencia entre sexo y género. Encontré esto extrañamente positivo: este estudiante había captado correctamente el hecho de que esos dos términos no tienen significados fijos en la teoría de género, y ciertamente tampoco en la cultura en general.

¿Cuál *es* la diferencia? ¿Son «sexo» y «género» sinónimos intercambiables? ¿Reflejan una división gnóstica entre cuerpo (sexo) y alma (género)? ¿Significan la interacción entre la biología y la sociedad en la identidad humana? Dependiendo del contexto, las palabras «sexo» y «género» pueden evocar cualquiera y todos esos significados. ¿Por qué? Porque, en pocas palabras, estamos profundamente confundidos acerca de lo que significa ser un cuerpo. Ya no sabemos quiénes somos como seres sexuados, y esto se refleja en nuestro lenguaje.

Quizás lo más importante es que los significados que apuntamos a esas palabras reflejan, ya sea intencional o no, suposiciones filosóficas específicas sobre el significado de ser una persona humana. Estos significados continúan cambiando a un ritmo asombroso. Como cristiana, creo que la respuesta adecuada a cualquier persona humana es siempre el amor y el respeto, pero esto no exime de escrutinio la idea que se tiene de persona humana en nuestra cultura. Lo que se necesita en esta coyuntura es una mirada profunda, como diría Chesterton, «la idea de la idea» del género en nuestro tiempo.

En el último siglo, nuestra comprensión del sexo y el género ha sufrido un cambio monumental, o específicamente, dos cambios. Para rastrear la historia del ascenso cultural del género, tengo que describir una doble revolución: primero, la erosión del viejo marco, en el que el sexo corporal se refería a la persona como un todo y se caracterizaba por los roles generativos, y segundo, el surgimiento de un marco alternativo, centrado en el concepto inherentemente inestable de género.

Antes de mediados del siglo XX, la palabra «género» vivía discretamente en el ámbito de la gramática como una palabra básica que denota una categoría, tipo o clase. Uno podría encontrar referencias al «género femenino» como sinónimo de mujer, pero era más habitual hablar del género que tienen las palabras, como sucede en varios idiomas, como el español, francés y ruso. La palabra «sexo» por el contrario, se ha referido exclusivamente a las diferencias masculinas y femeninas en los seres vivos, ya sean en plantas o animales, desde más o menos el año 1300; solo hasta hace poco ha adquirido un significado

160

adicional al ser una abreviatura de «relación sexual», una frase que señala la naturaleza corporal del «sexo» y su conexión con la reproducción.

El uso predominante de la palabra «sexo» para indicar masculinidad o feminidad revela una comprensión particular de estos términos. El sexo, una realidad expresada en el cuerpo, es visto como algo innato, un hecho de la naturaleza reconocido al nacer, que proporciona la base de la identidad de una persona. Como se discutió anteriormente, esto representa lo que los teóricos del género llamarían una *comprensión esencialista* de la identidad sexuada. Desde este punto de vista, los seres humanos llegan a la existencia en dos formas distintas, masculino y femenino, y esta diferencia de sexo ocurre en el nivel del ser mismo: es ontológico, intrínseco y parte *de la esencia* de la persona.

Quizás lo más importante es que esta identidad sexuada intrínseca no se trata simplemente de *la apariencia externa,* sino que también está íntimamente conectada con la función procreativa, el potencial generativo de uno como varón o mujer. Esta comprensión del sexo se remonta al comienzo del pensamiento occidental; vemos esto en la Generación de animales de Aristóteles, por ejemplo: un macho es el animal que genera en otro, y una hembra es el animal que genera dentro de sí. Esto no significa, como se discutió en el capítulo anterior, que un varón o una mujer que no puede procrear no sean verdaderamente un varón o una mujer. En esa discusión previa, exploramos cómo los cuerpos humanos están estructurados para apoyar la producción de gametos pequeños o grandes. Entendido de esta manera, el sexo refleja una capacidad reproductiva, que no es reducible a genitales o cromosomas, sino que caracteriza al organismo como un todo.

¿Cómo llegamos a este momento cultural, donde el sexo biológico ya no se considera parte integral de la persona, sino que es ornamental, fácilmente alterable, una ficción «asignada» al nacer? Me gustaría argumentar que esta nueva comprensión del sexo se puede remontar, en gran parte, a dos innovaciones relacionadas a mediados del siglo XX: primero, la adopción generalizada de la anticoncepción, que luego permitió que surgiera un nuevo concepto expansivo de «género».

Es difícil subestimar el impacto generalizado de la anticoncepción en nuestra cultura, tanto en términos prácticos como de pensamiento. El hilo que me gustaría retomar aquí es cómo la anticoncepción reformó nuestra comprensión cultural del significado del cuerpo sexuado. En nuestro pensamiento, la reproducción ha retrocedido a un segundo plano; nuestras capacidades procreativas son vistas como accesorias a la masculinidad y la feminidad, en lugar de un aspecto integral y sobre todo determinante, de esas mismas identidades. Vivimos, nos movemos y tenemos nuestras citas románticas en una sociedad anticonceptiva, donde los marcadores sexuales visibles de nuestro cuerpo ya no apuntan hacia una nueva vida, sino que señalan la perspectiva de un placer estéril.

Ese se ha convertido en el significado del cuerpo en nuestro tiempo, como lo ejemplifica el trabajo de Michel Foucault, el mecenas de la teoría de género contemporánea.

La obra de cuatro volúmenes de Foucault, *Historia de la sexualidad,* comienza describiendo cómo, en la época victoriana, la sexualidad fue tomada como rehén por «la familia conyugal», que «la absorbió en la función seria de la reproducción»[1]. Aparentemente, Foucault está es-

---

[1] FOUCAULT MICHEL, *A History of Sexuality: An Introduction,* vol. 1 Knopf Doubleday. Nueva York, 2012 , p.3.

cribiendo en un modo descriptivo, trazando una historia conceptual del sexo, pero desde la primera página es claro que está trabajando desde la suposición de que la sexualidad humana es secundaria o incluso artificial a la reproducción. Foucault escribe esta obra en los años 1970 y 1980, desde un contexto cultural donde la anticoncepción se ha normalizado, un contexto que está preparado para abrazar una nueva comprensión de la sexualidad, divorciada por completo de la procreación. La teóloga Angela Franks describe acertadamente la visión foucaultiana del sexo que ahora tiene supremacía en nuestra cultura. El sexo, para Foucault, se trata de «cuerpos y placeres». Si la fertilidad ya no importa, «no importa si los cuerpos son masculinos o femeninos, todos son solo materia prima para acoplamientos anónimos». Nuestra «era de la anticoncepción» ha dado paso a una «visión despersonalizada del cuerpo» y un «mundo en el que la fertilidad femenina simplemente no encaja»[2].

Quiero extender el análisis de Franks aquí para subrayar una ramificación adicional, mencionada en los dos capítulos anteriores. Si «varón» y «mujer» hacen referencia a nuestra potencialidad generativa, cambiar de sexo es una imposibilidad, porque un varón no puede adoptar físicamente el papel procreativo de una mujer, y viceversa. Pero ahora que el sexo biológico se ha divorciado del potencial procreativo, reducido a la apariencia y la búsqueda de placer, tener un cambio de sexo parece factible. Las intervenciones quirúrgicas y hormonales pueden alterar la

<hr>

[2] FRANKS ANGELA, *Humane Vitae in Light of the War Against Female Fertility*, Church Life Journal, 24 de julio de 2018, https://churchlife-journal.nd.edu/articles/humanae-vitae-in-light-of-the-war-against-female-fertility/#_edn48.

apariencia del cuerpo e imitar los marcadores sexuales, y eso es suficiente para nosotros ahora, porque eso es en lo que se ha convertido el sexo biológico. Un cirujano puede hacer una «vagina» de una herida, porque la vagina ya no se ve como la puerta a un útero.

A mediados del siglo XX, el «sexo» como realidad biologica fue destronado, tanto lingüística como conceptualmente. La palabra «sexo» ya no servía simplemente como abreviatura de la identidad sexual biológica de la persona, sino que se expandía para indicar cualquier tipo de actividad genital erótica. La «sexualidad» ya no se refería a la masculinidad o feminidad, sino al gusto y la expresión de los deseos eróticos. Este destronamiento del «sexo» creó un vacío conceptual, que se llenó rápidamente con el término «género».

EL AUGE DEL GÉNERO

En la década de 1950, la frase «rol de género» apareció por primera vez en escena gracias a al psicólogo John Money[3]. Money, cuyo trabajo ahora se considera controvertido, por decirlo suavemente, fue uno de los primeros defensores prominentes de una *visión tabula rasa* de la persona humana. El sexo biológico, argumentó, no tiene una conexión intrínseca con los roles y comportamientos sociales de varones y mujeres. Hizo una distinción entre el sexo, un simple hecho biológico, y el «género», una identidad social que es un producto de la cultura en lugar de la naturaleza.

---

[3] MONEY JOHN et al., *An Examination of Some Basic Sexual Concepts: The Evidence of Human Hermaphroditism*, Bulletin of Johns Hopkins Hospital 97, no. 4, 1955. p 301–19.

164

El paciente más famoso de John Money fue David Reimer, quien llegó a él cuando era un bebé después de que su pene se desfigurara durante una circuncisión fallida. Money, que creía que el género era una construcción social completamente, convenció a los padres de David para que lo criaran como una niña y lo confiaran a la supervisión clínica de Money. David resultó ser un gemelo idéntico, y Money vio una oportunidad de oro para ejecutar un experimento controlado para probar sus teorías. Desafortunadamente, los padres de David estuvieron de acuerdo, sometiéndolo a más cirugías genitales y llamándolo Brenda.

Como parte de su experimento en curso, Money se reunió con los gemelos anualmente durante su infancia. Sus sesiones con ellos fueron perturbadoras e invasivas, involucrando casos claros de abuso sexual, como obligar a los dos niños a representar varias posiciones sexuales e inspeccionar los genitales del otro[4]. Cuando era adolescente, David se volvió suicida y rechazó su identidad femenina, y finalmente sus padres le dijeron la verdad sobre su sexo. Se sometió a más cirugías en un intento de revertir la reasignación forzada y tomó el nombre de David (su nombre de nacimiento era Bruce). Como adulto, David se casó y adoptó tres hijos, y por un tiempo, parecía que podría recuperar una vida normal, hasta el 4 de mayo de 2004, cuando David se quitó la vida a la edad de treinta y ocho años, solo dos años después del suicidio de su hermano gemelo.

El intento de Money de demostrar la veracidad de sus teorías fracasó catastróficamente; sus supuestos demostraron ser no solo erróneas, sino *fatales* para sus dos sujetos

---

[4] COLAPINTO JOHN, *As Nature Made Him: The Boy Who Was Raised as a Girl*, 2nd ed. Harper Perennial, Nueva York, 2006.

de investigación. Desafortunadamente, esta tragedia tardó décadas en desarrollarse, y mientras tanto, el concepto maleable e incorpóreo de género de Money se extendió por la academia, arraigándose completamente en la teoría feminista y las ciencias sociales.

Gracias a las teorías de Money, esta idea recién concebida del género como distinto del sexo se convirtió en un sitio de resistencia al esencialismo, que fue visto en términos decididamente negativos. Suplantando el paradigma anterior, que se basaba en la categoría holística del sexo para clasificar a varones y mujeres, surgió un nuevo paradigma que distinguía entre el sexo como una realidad biológica básica y el género como una colección de normas e ideales socialmente construidas que están asociados con cada sexo y se leen erróneamente como naturales. Esta es la clásica comprensión feminista de la segunda ola sobre el sexo y el género, la que heredé cuando comencé mis estudios feministas. El sexo se refiere a la biología, y el género se refiere a los significados sociales asociados al sexo.

Podemos entender por qué esta distinción atrajo a las feministas, porque facilitó un paso importante más allá de las definiciones reductivas y a menudo misóginas de lo que significa ser mujer. Históricamente, los argumentos que apelan a debilidades o deficiencias «naturales» en las mujeres se han utilizado para justificar la negación de ciertos derechos y oportunidades, como el derecho a votar o asistir a la escuela de medicina. A veces, las diferencias entre los sexos se han entendido como diferencias de valor y se han traducido en roles rígidos y específicos del sexo, creando una jerarquía de superioridad e inferioridad a favor de los varones. Sin el concepto de género como distinto del sexo, tales ideas sobre la mujer se naturalizan fácilmente y se ven como innatas e inevitables en lugar de como distorsiones de la cultura. Veamos algunos de estos argumentos en términos muy básicos:

Premisa 1: Los varones y las mujeres son en esencia u ontológicamente diferentes.
Premisa 2: Cada diferencia representa una diferencia de valor.
Conclusión: Los varones son en esencia superiores a las mujeres.
Premisa 1: Los varones y las mujeres son en esencia u ontológicamente diferentes.
Premisa 2: Estas diferencias se pueden resumir fácilmente en una lista de rasgos contrastantes que caracterizan a cada sexo (por ejemplo, las mujeres son inherentemente más emocionales, mientras que los varones son inherentemente más racionales).
Conclusión: Las diferencias entre hombres y mujeres están claramente definidas y requieren roles distintos y específicos del sexo en el hogar y la sociedad.

En un intento de anular las conclusiones de la inferioridad femenina y los roles sexuales rígidos, las feministas rechazaron la primera premisa de cada argumento, uniendo sus fuerzas contra el esencialismo. El género se convirtió en la principal herramienta conceptual para desalojar la idea de que los hombres y las mujeres son dos tipos esencialmente diferentes de seres humanos.

A primera vista, la distinción entre sexo y género en este uso feminista inicial parece sencilla: el sexo es un hecho básico que se refiere a la biología (feminidad o masculinidad), y el género se refiere a la colección de significados culturales asociados con cada sexo. Sin embargo, tras un examen más detenido, se hace difícil entender dónde se encuentra realmente la demarcación entre los dos. Tomemos la noción de que las mujeres son más cariñosas, por ejemplo. ¿Es esta idea un producto de la biología o la cultura?

El problema subyacente, es que los humanos somos seres sociales y biológicos; nuestros cerebros neuroplásticos responden a nuestro entorno, y nuestras capacidades y límites biológicos dan forma a las normas culturales. Nos formamos a través de una interacción continua y, en última instancia, misteriosa entre la naturaleza y la crianza. Distinguir claramente entre sexo y género, entonces, simplifica en exceso la complejidad de la personalidad humana.

Sin embargo, uno puede ver fácilmente por qué se adoptó el género como una herramienta útil para abogar por los derechos de las mujeres. Agregó algunos matices muy necesarios a la antigua «cuestión de la mujer», permitiendo a las feministas argumentar que algunas normas específicas del sexo surgen de la cultura en lugar de la naturaleza, y por lo tanto los cambios culturales eran necesarios para dar a las mujeres una mayor igualdad social. (Cabe señalar, sin embargo, que los derechos legales para las mujeres se obtuvieron *sin* la ayuda del «género»).

¿Hay costos que acompañan a estos supuestos beneficios? ¿Cómo la introducción del género como un lente a través del cual nos entendemos a nosotros, altera sutilmente nuestra concepción de la persona humana? Una vez que el género entró en la escena teórica, rápidamente se convirtió en la fuerza dominante. El equilibrio precario que la teoría feminista trató de mantener entre sexo y género finalmente se perdió. En el giro posmoderno de la tercera ola, la distinción entre ellos se convirtió en un cisma absoluto. El sexo se retrajo en su esfera de influencia, convirtiéndose en un conjunto discreto de marcadores en

168

un cuerpo, que es solo un objeto, con poco o ningún significado intrínseco.

En última instancia, el concepto de género ha abierto una brecha entre el *cuerpo* y la *identidad*. El sexo que hacía referencia a un cuerpo dado, un hecho de la naturaleza; en el mundo de género, el poder del cuerpo para constituir la identidad disminuye. «Mujer» ya no se refiere simplemente al sexo, sino más bien al género, que se ha convertido en una construcción cultural amorfa que tiene una relación tenue con el sexo biológico. Una vez que esta distancia entre el sexo biológico y la identidad se habilitó a través del género, no pasó mucho tiempo, solo unas pocas décadas, para que el género cambiara de significado una vez más, desconectándose por completo del sexo, lo que ha allanado el camino para una comprensión aún más fragmentada e inestable de la persona. Debido a que el género ya no está anclado en las realidades corporales, se ha convertido en un gigante posmoderno imposible de capturar, imposible de nombrar. A diferencia del sexo, el «género» puede ser continuamente alterado y redistribuido, y estamos presenciando en tiempo real la proliferación salvaje de su significado.

LA LOCURA DEL GÉNERO

Las narrativas pop sobre el género a menudo hablan como si el género fuera algo *real*, a pesar de que el concepto en sí es contrario al más mínimo indicio de realismo o consistencia. ¡El género es un espectro! ¡El género es fluido! ¡El género es innato! ¡El género está en el cerebro! ¡El género es una construcción! Si bien la retórica enfática sugiere que la verdad del género finalmente se está revelando, es cada vez más difícil establecer una definición de género, porque se ofrecen definiciones múltiples y a menudo contradictorias. Hagamos un recorrido breve y no exhaustivo.

En primer lugar, está la definición decididamente «no progresista» que ve el género como un simple sinónimo de sexo biológico. Este es el punto de vista del varón que marca la casilla M en un formulario sin detenerse en la pregunta.

Luego está el enunciado feminista de la segunda ola que define el género como los accesorios sociales y culturales de cada sexo. Aunque alguna vez fue vanguardista, esta definición se está volviendo anticuada, aunque todavía prevalece entre las feministas de cierta edad.

Otra iteración es la ahora clásica ofrecida por Judith Butler, madrina de la teoría de género. Butler argumenta que el género es una actuación inconsciente y socialmente obligada, una serie de actos y comportamientos que crean la ilusión de una identidad esencial de «varón» y «mujer». Desde este punto de vista, el género es *enteramente* una construcción social, una ficción compleja que heredamos y luego recreamos repetidamente.

Uno puede encontrar *otra* definición en una narrativa transgénero común: género como el sexo del alma, la masculinidad innata o feminidad que puede o no «alinearse» con el sexo del cuerpo. En este entendimiento, el género no es decididamente *una* sola construcción, sino más bien una realidad presocial, la verdad interna contra la que el cuerpo debe ser medido.

Incluso más recientemente tenemos la tierna y demasiado complicada comprensión del género popularizada por los memes «unicornio de género» y «*Genderbread Person*» (este último ya ha tenido cuatro revisiones en su breve existencia). En este modelo, la identidad personal se recopila a

170

partir de un menú de atributos, cada uno de los cuales se extiende a lo largo de un espectro. *La identidad de género,* al estilo de la definición trans anterior, se encuentra en la mente: «Cómo tú, en tu cabeza, experimentas y defines tu género». *La expresión de género,* una versión de goteo de la performatividad de Butler, se refiere a la apariencia externa y los actos: «De cómo presentas el género». *El sexo,* que es «asignado» en lugar de reconocido al nacer, está confinado entre las piernas. Completando la lista está la *atracción,* que se analiza en dos subcategorías: física y emocional[5] .

Con mis estudiantes una vez trazamos estas definiciones en la pizarra, alineándolas para una comparación lado a lado. En lugar de una fila de pequeños patos, nos encontramos con una manada de criaturas míticas que no se parecían en nada. Varias de estas definiciones, empleadas regularmente por los «generistas» son contradictorias, incluso mutuamente excluyentes. Si el género es completamente una construcción social, ¿cómo puede ser también innato e inmutable?

Además, cuando es utilizado por activistas, el término «género» se define de manera circular y autorreferencial. Tomemos por ejemplo, los términos en un «glosario trans» que aparece en el sitio web de recursos humanos de la Universidad de Oregón. La «identidad de género» se define como «el sentido de una persona de su propio género»[6]. Sin embargo, no hay una definición para «género». El glosario incluye definiciones de «expresión de

---

[5] Genderbread Person v4.0, *Genderbread Person*, visitado por última vez el 3 de septiembre de 2021, https://www.genderbread.org/wp-content/uploads/2018/10/Genderbread-Person-v4-Poster.png.

[6] Trans Glossary 101, *University of Oregon Human Resources*, https://hr.uoregon.edu/hr-programs-services/work-life-resources/navigating-work-and-life/gender-identity-expression-and-o.

género» y «rol de género» que de manera similar se refieren al concepto de género sin definirlo.

Mi reciente capacitación de recursos humanos, la que intentó sin éxito que usara la frase «persona embarazada», realizó un malabar similar. Primero, la capacitación declaró que «los términos sexo y género a menudo se usan indistintamente» y necesitamos entrar en más detalles para entender cada término. Bastante justo el siguiente párrafo literalmente combinó los dos términos con una barra, afirmando que el «sexo / género asignado» podría entrar en conflicto con la «identidad de género». Una vez más, la palabra «género» en sí nunca se definió.

Aquí hay una trampa retórica en acción. El lector primero se desequilibra y es sutilmente llevado a creer que no está usando los términos «sexo» y «género» correctamente. Después de sembrar estas semillas de duda, el entrenamiento procede utilizando esos mismos términos sin definirlos claramente, manteniéndolos maleables, abiertos a varios significados, que el lector acepta fácilmente, asumiendo que cualquier falta de claridad debe deberse a su propia ignorancia.

Es difícil saber si esta es una estrategia explícita o simplemente el producto de un pensamiento poco claro y caprichoso. No estoy segura de qué opción es más deprimente: la idea de que esta revisión radical de la identidad es un tren desbocado, que se precipita por la vía porque los engranajes de la lógica básica se han roto, o que estas contorsiones de palabra y pensamiento son movimientos estratégicos. Mi sospecha es que ambos son ciertos.

Uno puede ver más circularidad en la clasificación cada vez más común de la mujer como alguien (¡cualquiera!) que se identifica como mujer. Esta definición en bucle me envía directamente a una madriguera de conejo y a una conversación frustrantemente sin sentido con una oruga humeante gigante que se burla de mí desde lo alto de un gran hongo.

«¿Qué *crees* que eres?», pregunta la oruga.

«Soy una mujer».

«¿Oh, *lo eres*?».

«Sí, al menos...» Hago una pausa, de repente insegura. «¿Creo que sí?».

«¿Te *sientes* como una mujer?».

«No estoy segura», le digo. «¿Qué significa sentirse como una mujer?».

«Sentirse mujer es ser mujer», pronuncia la oruga, sacando un largo arrastre de su narguile.

«¿Pero qué es una mujer?».

«Alguien que se siente como una mujer».

«Pero... ¿Qué significa sentirse como una mujer, si ser mujer se define como sentirse como una mujer?».

«Transfóbico», sopla la oruga.

Esa soy yo, una pequeña Alicia mareada con anillos de humo girando alrededor de mi cabeza. No soy fóbica en absoluto, pero sí curiosa. ¿Qué *es* esta cosa llamada género? Si la palabra es un huevo, y lo abro, ¿qué encontraré dentro? Cuanto más estudio en qué se ha convertido el género, más se siente su vacío, una palabra que es solo una cáscara, convenientemente esperando ser llenada con cualquier significado que sea más útil.

¡Cuántas posibilidades hay! Hay una categoría de género para cada inclinación, cada estado de ánimo, cada estética posible. ¿No estás seguro si te sientes como un varón o una mujer? No hay problema. Hay infinitas opciones. Aquí hay una pequeña muestra del menú en constante crecimiento:

- *Agénero*: una persona sin género[7].
- *Bigénero*: tener dos géneros; exhibir características culturales de roles masculinos y femeninos[8].
- *Trigénero*: Este es un término de identidad de género que a menudo significa una de dos cosas. Primero, una persona trigénero puede sentir que no es varón o mujer, pero tampoco está entre esas dos etiquetas. Como tal, una persona trigénero define su identidad de género en una tercera categoría, que no se sitúa entre varón / mujer. En segundo lugar, trigénero también puede significar una persona que siente que es una mezcla de tres identidades de género[9].

Si este enfoque no es tu estilo, también puedes trabajar con fracciones:

- *Demigénero*: Una persona que se siente parcialmente, pero no completamente, conectada a una identidad de género particular.
- *Demifluido*: Una persona cuya identidad de género es parcialmente fluida, mientras que las otras partes son estáticas.
- *Demiflux*: Una persona cuya identidad de género es parcialmente fluida, con la(s) otra(s) parte(s) estática(s).

---

[7] *Universidad de Oregón*, "Trans Glossary".

[8] Asuntos estudiantiles, "Glosario LGBTQ", *Universidad Johns Hopkins*, consultado por última vez el 5 de octubre de 2021 de https://studentaffairs.jhu.edu/lgbtq/education/glossary/.

[9] Centro de Género y Sexualidad, "Glosario de identidades y vidas trans*", Universidad de Rhode Island, visitado por última vez el 5 de octubre de 2021, https://web.uri.edu/gender-sexuality/resources/lgbtqa-glossary/trans-101-glossary/.

Esto difiere de demifluido ya que el flujo indica que uno de los géneros es no binario[10].

Con tantas opciones, es fácil tener fatiga de decisión. En esta situación, puedes ir a lo grande, y quiero decir *mucho* más grande, más allá de los límites del espacio y el tiempo.

- *Pangénero*: se refiere a una identidad de género mediante la cual una persona se identifica con una multitud, y tal vez un número infinito (más allá del conocimiento actual de los géneros), ya sea simultáneamente, en diversos grados o a lo largo del tiempo[11].

Estos no son términos extraídos de blogs aleatorios y foros de discusión. Todos estos están tomados textualmente de sitios web oficiales de universidades estadounidenses y británicas. Si bien puede ser tentador mirar y dejar pasar lo que están haciendo esos «universitarios», yo diría lo siguiente: los sitios web oficiales son gestionados por administradores, no por estudiantes, y lo que sucede en el campus rápidamente se abre camino en la cultura más amplia, el sector corporativo, la esfera pública y el sistema educativo en general. Estos estudiantes se graduarán después de todo, e ingresarán a la fuerza laboral. Está claro por la capacitación de recursos humanos que acabo de completar que esto ya está sucediendo.

---

[10] Universidad de Kent, "Política de apoyo para estudiantes trans", actualizada por última vez el 2 de febrero de 2018, https://www.kent.ac.uk/studentservices/files/Trans%20Student%20Support%20Policy%2020%20Feb%202018.pdf.

[11] Trans Inclusion Guidance, *Universidad de Essex*, agosto de 2018, archivado en https://web.archive.org/web/20210127015819/https://www.essex.ac.uk/-/media/documents/study/outreach/transgender-guidance.pdf.

Todas estas definiciones de género se basan en un sentido subjetivo de identificación, en cómo uno «se siente». Pero, ¿qué significa «sentirse» como un varón o una mujer o ninguno? Abordemos esta cuestión a modo de analogía, dirigiéndonos a un territorio donde las líneas entre categorías aún no se han difuminado. Si digo que «siento» que soy un gato o que me «identifico» con ser un gato, estoy expresando que tengo una afinidad con lo que imagino que debe ser un gato. No puedo tener un conocimiento directo y de primera mano de lo que *realmente* es ser un gato, porque soy humano, no felino.

Para acercar aún más la analogía, dentro del ámbito de la misma especie, digamos que tengo una fuerte afinidad con los italianos. Soy estadounidense, por el hecho objetivo de haber nacido y crecido en Estados Unidos, pero tal vez «me siento» más italiana que estadounidense. Me encanta comer pasta, gesticular enfáticamente con las manos y soy católica. Incluso tengo un apellido italiano, aunque es por mi esposo. Pero como en realidad no soy italiana, con lo que me identifico es solo con mi percepción, mi fantasía de lo que podría ser, una italiana.

Hagamos la analogía aún más aguda y desconcertante. Digamos que te digo que no soy realmente una chica blanca, aunque así es como me veo. En verdad, soy una chica negra atrapada en el cuerpo de una chica blanca. Mi cerebro es negro, a pesar de que mi cuerpo es blanco, lo sé porque lo *siento*. Odio mi piel blanca y mi cabello liso. Me siento como en casa con gente negra, me encanta el *hip-hop*, el baloncesto y Toni Morrison, no me gusta la cultura blanca. Me siento como una inadaptada en una habitación llena de gente blanca, tengo un alma negra.

176

Espero que cualquiera que lea el párrafo anterior tenga una reacción fuerte e instintiva de que lo que estoy diciendo es ridículo. Espero que se lea como ridículo, incluso ofensivo. Si tuviera que hacer esas afirmaciones con sinceridad, sería rápidamente atada a una estaca y quemada por el pecado de la apropiación cultural, por las mismas personas que me celebrarían como una valiente heroína si saliera como varón. Los límites entre razas y culturas están más vigilados que nunca, pero el límite entre los sexos se ha vuelto completamente poroso.

«Sentir» no es «ser». Una chica blanca *no puede* saber lo que es ser una chica negra, solo puede saber lo que una chica blanca *imagina* que debe ser negra. Un varón *no puede* saber lo que es ser una mujer, solo puede imaginar, desde una perspectiva externa, cómo podría ser. Cuando dice ser una mujer, se está identificando con una fantasía. Y frecuentemente, esa fantasía se construye a partir de la frágil arena de los estereotipos.

Cuando estaba en mi primer año de posgrado en estudios de género, recuerdo haber visto un especial de televisión sobre niños transgénero. Esto fue en 2007 más o menos y yo vivía en el Reino Unido. Incluso en mi círculo académico secular, el feminismo aún no se había aliado completamente con la narrativa transgénero. La actual ola transgénero, particularmente entre los adolescentes, todavía estaba a años de distancia. Este programa de televisión era sobre un niño pequeño que insistía en que era una niña, y los padres habían comenzado a criarlo de esa manera. Probablemente tenía siete u ocho años y ya había adoptado un nuevo nombre e identidad social. Lo que me llamó la atención entonces, y se queda conmigo ahora, es la evidencia de la aparente feminidad de este niño: amaba el color rosa, prefería jugar con muñecas y le gustaba usar vestidos y su habitación era exageradamente rosa. Incluso la forma en que este niño hablaba de ser una niña, tenía todo que ver con una feminidad estereotipada. Había un olor a consumismo flotando sobre todo el asunto, como si los productos que queremos definieran lo que somos.

Mi yo feminista de posgrado tenía dudas. No reconocí esta «versión» de la feminidad, excepto quizás en un comercial de muñecas *Barbie*. Ciertamente no en mi propia infancia, nunca me gustó el rosa. Mi habitación estaba pintada de azul, jugué con muñecas y animales de peluche, pero también me encantaba hacer espadas falsas con reglas y papel de aluminio y construir pistolas laser de Star Trek con Legos. Me gustaba usar vestidos para jugar a representar algún personaje y escapar temporalmente de mi tiempo y lugar. Pero mi ropa favorita era esa que me permitía correr, mover mis piernas rápidamente y con fuerza.

En términos de estereotipos, yo era una mezcla. La idea de que un niño es en realidad una niña porque le gusta el rosa me pareció entonces, y sigue siendo, una noción regresiva y decididamente no feminista, un retroceso a la comprensión caricaturesca de la feminidad y la masculinidad.

Si ser niña y ser niño ya no residen en el cuerpo, no hay otro fundamento para estos conceptos *excepto* los estereotipos. ¿Recuerdas la definición de «bigénero» anterior, de la Universidad Johns Hopkins? *Exhibir características culturales de roles masculinos y femeninos.* Mi primera reacción a esto es, ¿quién *no es* bigénero en la América del siglo XXI? ¿Soy bigénero simplemente porque soy el sostén de la familia (rol estereotípicamente masculino) y una madre que lava mucha ropa (estereotipo femenino)? ¿Es mi esposo bigénero porque es un padre que se queda en casa (rol femenino) y corta nuestro césped (rol masculino)? ¿Por qué mi identidad como mujer se ve amenazada o disminuida simplemente porque yo, un ser humano complejo, reflejo una variedad de estrellas en la vasta constelación de tareas y rasgos asociados con el sexo? ¿No terminan estas tontas definiciones de género manteniendo arraigados esos estereotipos regresivos?

Hay una profunda ironía aquí; a través del vehículo de la teoría feminista, el concepto de género ha apartado la masculinidad y la feminidad del sexo corporal. Ahora, desligado del cuerpo por completo, el género se define por los mismos estereotipos culturales que el feminismo trató de deshacer. En otras palabras, cuando una niña reconoce que no encaja en los estereotipos, ahora se le invita a cuestionar su sexo en lugar del estereotipo.

LA ERA DE PIGMALIÓN

Cuando el género permanece arraigado al sexo, cuando ser mujer se refiere a la feminidad en lugar de una representación de un estereotipo femenino, ser «mujer» se convierte baúl mucho más espacioso con una amplia gama de rasgos, roles y tipos de cuerpo. El cofre basado en estereotipos es mucho más estrecho, confinando la feminidad a una caricatura artificial, retocada y exagerada que descartaría a la mayoría de las mujeres humanas, incluida yo.

Cuando voy a misa en mi parroquia, una situación que reúne a un grupo diverso de personas de todas las edades y estaturas, no veo a una sola mujer que se parezca en nada a Caitlyn Jenner en la portada de *Vanity Fair*. Veo chicas con pantalones de algodón y zapatillas de deporte, chicas con velos de encaje y tacones; veo mujeres altas, mujeres bajas, mujeres gordas, mujeres de hombros anchos, mujeres delgadas, mujeres de pechos grandes y pequeños, mujeres con cabello largo, con cabello corto, mujeres con faldas, mujeres con camisas de franela masculinas, mujeres con caderas anchas, mujeres con caderas angostas, mujeres con rollos en la cintura, mujeres con arrugas. Este ensamblaje de lo ordinario, esta muestra de la vida real, no se parece en nada al artificio que se muestra en las portadas de revistas, vallas publicitarias y el carrete filtrado de Instagram.

Estamos viviendo en la *Era de Pigmalión*, ese maestro artista de las *Metamorfosis* de Ovidio que quiere una esposa pero desprecia a las mujeres reales. Él toma su martillo y cincel, y talla su mujer ideal en piedra. Él la desea, su imagen de mujer es más deseable que la realidad. En el mito original, Pigmalión quiere casarse con ella, llevarla a su lecho. En nuestro tiempo, Pigmalión quiere *ser* ella. En lugar de las herramientas de un escultor, trabaja con bisturí y jeringa. En lugar de piedra, talla su fantasía en su propia carne.

En el cuento de Ovidio, la creación de Pigmalión cobra vida a través de la intervención divina, una explosión de la diosa Afrodita. En nuestro tiempo, no hay dioses caprichosos que puedan hacer que la fantasía parezca real. Solo existe el poder del lenguaje.

La política sobre igualdad trans de la Universidad de Edimburgo da las siguientes directrices para interactuar con las personas transgénero: «Piensa en la persona como el género que esa persona quiera que pienses» y «usa el nombre y el pronombre que la persona te pide»[12]. Estas pautas hacen una concesión sorprendente: tienes que

---

[12] Trans Equality Policy, *Universidad de Edimburgo*, última actualización en junio de 2016, http://www.docs.csg.ed.ac.uk/EqualityDiversity/ Trans_Equality_Policy.pdf.

convencerte activamente de que la proclamación de género de esta persona es cierta. Aceptar que un varón es una mujer y viceversa requiere esfuerzo, un esfuerzo consciente de pensamiento porque esto va en contra de la biología y el sentido común. Dado que el paradigma de género no se basa en la realidad concreta, perpetuar este marco requiere una cuidadosa vigilancia del pensamiento y el lenguaje.

Esto explica el intenso enfoque en los pronombres por parte de los activistas de hoy. Uno *debe* usar los pronombres del género declarado. No hacerlo se considera un ataque malicioso a la identidad y dignidad de una persona. Más allá de la simple ofensa, «confundir» a alguien usando los pronombres incorrectos se considera dañino y un acto de violencia.

Recuerdo que en la escuela secundaria se burlaban de mí por tener «piernas masculinas» y bigote. Esto fue profundamente doloroso por supuesto, y se aprovechó de mis inseguridades alrededor de mi apariencia porque no estaba a la altura del ideal cuando era joven. No amenazaba el núcleo de mi identidad como mujer, porque consideraba que era un hecho del que no podía escapar me gustara o no. El concepto actual de identidad de género sin embargo, no se basa en la realidad material. Un varón que dice ser una mujer, es una mujer solo en el lenguaje. Para el posmodernista eso es suficiente, porque *toda la* realidad, todo lo que consideramos «verdadero», está lingüísticamente construido[13]. Esto significa que la construcción de la identidad de género debe ser continuamente reforzada

---

[13] Esta comprensión de la realidad construida por el lenguaje es compartida por los teóricos posmodernos más prominentes, como Lyotard, Derrida, Foucault y Barthes. Véase BUTLER CHRISTOPHER, *Postmodernism: A Very Short Introduction* Oxford University Press. Oxford 2002, p. 21.

por el lenguaje para parecer verdadera. Esto requiere no solo una autodeclaración de género, sino una declaración que sea repetida por todos los demás. Si la identidad de género solo existe en el lenguaje, nuestro lenguaje debe ser manipulado, o de lo contrario todo se desmorona. Eso es lo que está en juego en la batalla por los pronombres: nuestra comprensión de la realidad misma.

La remodelación lingüística de la realidad se está abriendo camino en la legislación. La Ley de igualdad es un proyecto de ley en los Estados Unidos a partir de 2021; fue aprobada por la Cámara de Representantes en 2019. Este proyecto de ley enmendaría las Leyes de Derechos Civiles de 1964, reemplazando la palabra «sexo» con la Hidra de tres cabezas de «sexo (incluida la orientación sexual y la identidad de género)». Como siempre, la identidad de género se define de manera circular, como «la identidad eufórica de género, apariencia, gestos u otras características relacionadas con el género de un individuo, independientemente del sexo del individuo al nacer»[14]. Redefinir legalmente el sexo como algo que incluye la identidad de género, mientras que al mismo tiempo define la identidad de género como algo no necesariamente relacionado con el sexo, no tiene sentido. Esta contorsión lingüística intenta mantener unidas dos cosas que están en contradicción directa: la opinión de que el género se basa en el sexo y la opinión de que el género *no se* basa en el sexo. Además, esta definición establece que el género (masculinidad y feminidad) es una cuestión de apariencia y estereotipos en lugar de biología.

Permítanme declarar enfáticamente que no tengo ninguna objeción acerca de proteger legalmente a todos los

---

[14] H.R. 5, 117th Cong. 2021–2022.

182

ciudadanos estadounidenses de la discriminación injusta. El problema surge cuando los derechos y protecciones basados en el sexo se erosionan para acomodar el concepto novedoso e inherentemente inestable de «identidad de género». Este proyecto de ley prohibiría efectivamente los espacios, programas e instituciones diferenciados por sexo, acabaría con el deporte femenino tal como lo conocemos, porque no importa cómo se identifiquen, los varones biológicos tienen una ventaja física innegable. Espacios como vestuarios de mujeres, baños, prisiones y refugios domésticos ya no se limitarían solo a las mujeres. Espacios como estos solo pueden preservarse manteniendo límites que respeten la realidad material, que reconozcan el hecho fundamental de que las mujeres y los varones son biológicamente distintos. Los espacios diferenciados por sexo, en general, no existen para el beneficio de los varones, excepto para proteger a los peores entre ellos de sus impulsos más terribles. Estos límites existen para proteger a las mujeres y las niñas, una población que es más vulnerable a la explotación sexual y la violencia.

No hago este argumento únicamente por miedo, por temor a que la eliminación de límites claros ponga en riesgo a las mujeres y las niñas. También estoy apelando a la belleza: la belleza tranquila de ser un cuerpo femenino en una habitación solamente con otros cuerpos femeninos.

Viajé a Israel en 2019, y cuando nos quedamos en las costas de Galilea, mi esposo y yo caminamos juntos a la playa, con la esperanza de sumergir nuestros pies en las mismas aguas donde Jesús pescaba. Mientras estábamos juntos en la orilla, un hombre que llevaba una kipá se acercó y nos dijo, de una manera educada y directa, que esta playa era solo para varones y que había una playa de mujeres justo después de la colina. Me sorprendí y me sentí un poco avergonzada, pero le di las gracias y caminé hacia el área de mujeres, me quité lo que llevaba sobre mi traje de baño y me metí el mar. Después de un tiempo, varias de mis alumnas se unieron, así como algunas mujeres y niñas israelíes, y todas nadamos y chapoteamos, solo éramos mujeres. Algunas de mis estudiantes se enfurecieron por la segregación viéndola como sexista, a mí me pareció refrescante. No estábamos *haciendo* algo conscientemente femenino, como sucede con frecuencia en los retiros y conferencias de mujeres, este era un espacio reservado solo para existir como mujeres. Mientras flotaba en el Mar de Galilea, sintiendo el pez pasar debajo de mí, experimenté el silencio de la libertad, la dicha de ser por el momento, no observada.

Hay algo sagrado en estos espacios solo para mujeres, incluso en el pantanoso vestuario de mujeres en la piscina pública. Este es quizás el único lugar donde las jovencitas pueden ver la belleza desconocida de la desnudez femenina que no está sexualizada en absoluto, presenciar de primera mano la diversidad de la forma femenina, tener una imagen concreta que pueda contradecir las ficciones dañinas que se muestran en todas partes: ver senos caídos, carne que se hunde, vello púbico, ver a una anciana en la ducha cuidando inconscientemente el cuerpo envejecido al que pertenece, el cuerpo que siempre ha sido.

ENGAÑO

T ENGO TRES HISTORIAS QUE CONTAR: dos mitos y una
dura verdad.

El primer mito es un sánscrito del siglo VI, *jataka*,
un cuento que relata una vida anterior de Buda. En esta
historia, una bodhisattva llamado Rūpyāvatī se corta sus
propios pechos para alimentar a una madre hambrienta
que está a punto de comerse por desesperación a su hijo
recién nacido. Rūpyāvatī es alabada por este acto radical de autosacrificio, y en recompensa sus pechos son
divinamente restaurados. Hasta ahora, esta historia es
entrañablemente hermosa y afirma con agudeza lo femenino: una mujer que salva a otra mujer de la muerte,
a través del don de su propia carne que da vida. La vida
y la muerte se acercan, casi difuminándose la una en la
otra, la nueva madre está a punto de matar aquello a lo
que acaba de dar vida, hasta que Rūpyāvatī interviene,
y el fantasma de la muerte es alejado por un gesto de
amor abnegado.

La historia no termina ahí. Después de que el cuerpo femenino de Rūpyāvatī es restaurado a su totalidad, ella hace una petición al «señor de los dioses» para ser liberada de él por completo:

«Oh brahmán, por medio de esta verdad mía,
Deja que mi sexo se vuelva masculino inmediatamente,
Porque la hombría es una morada de virtud en este mundo».

Tan pronto como hubo pronunciado estas palabras,
alcanzó el estado de un varón…

Y cuando sus dos pechos...
Hinchado como los lóbulos frontales de un elefante en celo

Vio solo unos pocos pelos de barba tan oscuros como el polvo de colirio.
Apareciendo en esa cara de luna,
Inmediatamente desaparecieron en un amplio pecho
como por vergüenza[1].

Este es un cambio desconcertante. ¿Por qué sus pechos fueron restaurados a la integridad en primer lugar, solo para ser desterrados de nuevo solo una página más tarde? Una historia que parecía mostrar respeto por el cuerpo femenino, repentinamente lo traiciona, enviando este mensaje claro: es mejor tener un cuerpo femenino sano que uno mutilado, pero es mejor aún convertirse por completo en uno masculino.

Tuve una experiencia de lectura similar con la historia de Caenis en *las Metamorfosis de Ovidio*. Caenis, «famosa por su

____

[1] DANIEL LÓPEZ, ed., *Buddhist Scriptures*. Penguin, Nueva York 2004, p. 168.

belleza», resistente al matrimonio, es violada por el dios Neptuno mientras «camina sobre una playa solitaria». Esta fue aparentemente una experiencia tan agradable para Neptuno que él se ofrece a concederle un deseo como recompensa:

> Y Caenis respondió:
> «El mal que has hecho exige la gran oración.
> Que nunca podré volver a sufrir esto. Hágame
> Ya no una mujer y me habrás dado todo».
>
> Ella pronunció las últimas palabras con una voz más ronca
> Eso parecía de un varón. Y así fue,
> Porque el dios del mar ya había respondido a su oración…[2].

Ambas mujeres, cuando se les da la oportunidad, piden convertirse en varones por intervención divina, una para alcanzar un estado más elevado del ser, y la otra para ser invulnerable a la violación.

En cierto sentido estos mitos se están haciendo realidad en nuestro tiempo. En los últimos dos años, ha habido un aumento exponencial de pacientes que se presentan en clínicas de género que desean una transición, así como un cambio demográfico importante. Antes de la era de Internet, los que buscaban la transición eran típicamente varones de nacimiento en sus cuarenta, en 2014 esto comenzó a cambiar drásticamente. Para 2019, tres veces más mujeres de nacimiento buscaban la transición, y la mayoría de ellas adolescentes.

La disforia de género, el término clínico actual, se refiere a la angustia psicológica extrema que se deriva de un

---

[2] OVIDIO, *Metamorfosis*, trad. Stanley Lombardo Hackett, Indianápolis 2010, p. 331–32.

sentimiento de incongruencia con el sexo. La disforia de género entre niños y adolescentes solía ser excepcionalmente rara, afectando solo al 0,1 % de los niños, y a niños varones casi en su totalidad[3]. Antes de 2012, no hay evidencia científica de que las adolescentes experimentaran disforia de género en absoluto[4]. Lo que estamos presenciando es un fenómeno novedoso.

El Servicio de Desarrollo de la Identidad de Género (GIDS) en el Reino Unido proporciona una fuente clara de datos para esta tendencia, sus cifras muestran la foto de un fenómeno que está ocurriendo en Europa, Estados Unidos y Canadá. Veamos los datos sobre las consultas de género en niños y adolescentes específicamente, donde las tasas de transición se están disparando. En 2010, 138 pacientes fueron remitidos para tratamiento de género. En 2015, el número saltó a 1409 y continuó aumentando constantemente, alcanzando 2748 referencias en el último año registrado, 2019-2020. En menos de una década, las consultas de género habían aumentado en casi un 2000 %[5].

Si bien ha habido un aumento en las consultas para niños, el aumento en las consultas femeninas supera esto multiplicado por tres. Esta disparidad es más pronunciada entre los 11 y 17 años de edad. Por ejemplo, de los casi 500 niños de 14 años referidos a GIDS en 2019-2020, más

---

[3] SHRIER ABIGAIL, *Irreversible Damage: The Transgender Craze Seducing Our Daughters*. Regnery, Washington, D.C. 2020), xxi.

[4] SHRIER, *Irreversible Damage: The Transgender Craze Seducing Our Daughters* xxi.

[5] Referrals to GIDS, Financial Years 2015–16 to 2019–20, Servicio de Identidad de Género del NHS, visitado por última vez el 18 de octubre de 2021, https://gids.nhs.uk/number-referrals. Estas cifras son actualizadas periódicamente por GIDS y están sujetas a cambios.

de 400 eran niñas. En general, el 75 % de las consultas de adolescentes ese año fueron para mujeres.

Esta nueva ola de identificación trans-i entre los jóvenes difiere de las presentaciones «clásicas» anteriores de lo que solía llamarse transexualismo. Ray Blanchard, un prominente psiquiatra y sexólogo, creó una tipología básica para los transexuales a fines de la década de 1980, clasificándolos en dos grupos principales. El primer grupo, los «transexuales andrófilos», son niños varones que son más estereotípicamente femeninos en comportamiento y apariencia y crecen para ser homosexuales. El segundo grupo, los «transexuales autoginefílicos», son varones que se excitan sexualmente con la idea de ser mujer; estos varones a menudo son heterosexuales y generalmente hacen la transición más tarde en la vida[6]. El trabajo de Blanchard se ha vuelto muy controvertido porque considera el transgenerismo como un problema clínico, en lugar de una identidad política. Su taxonomía sigue siendo relevante para los varones que caen en esas categorías clásicas, pero no explica la rápida explosión de identidades de género emergentes entre los jóvenes, especialmente las mujeres jóvenes.

Este es un fenómeno complejo influenciado por múltiples factores, varios de los cuales rastrearé a lo largo de este capítulo. El factor más significativo, sin embargo, es el desarrollo del paradigma de género en sí. Esto ha producido un «efecto caracol», en el que ciertas experiencias humanas se clasifican e interpretan a través del marco de la teoría de género, que a su vez da forma a esas experiencias

---

[6] PERRY LOUISE, *what is autoginephilia?* An interview with Ray Blanchard, *Quillette*, November 6 2019, https://quillette.com/2019/11/06/what-is-autogynephilia-an-interview-with-dr-ray-blanchard/.

y refuerza el marco[7]. Un varón con autoginefilia, una mujer con antecedentes de abuso sexual que odia su cuerpo, un niño autista que se siente diferente de todos los que lo rodean, un adolescente solitario desesperado por la comunidad y la identidad: cualquiera de estas personas, o todas ellas, podría encontrar en el paradigma de género una explicación para su dolor (*debes ser trans*), y una solución engañosamente simple (*cambia tu género y finalmente estarás completo*).

No creo que desmantelar el marco de la teoría de género haga desaparecer mágicamente la experiencia de la incongruencia sexual. Todavía habrá personas que tengan esa experiencia, ya sea causada por una afección neurológica, un trauma o simplemente por tener una personalidad que está fuera de sintonía con los estereotipos sexuales culturales. Lo que me preocupa aquí, y a lo largo de este libro, es cuestionar el marco que nuestra cultura ha construido para interpretar y categorizar esas experiencias, un marco que por cierto, no fue desarrollado por personas transidentificadas. La verdad, creo, es la inversa: *el desarrollo de ese marco ha llevado a la identificación transgénero*. Hay personas en crisis, y el paradigma de género se ha convertido en el lente dominante para interpretar ese dolor, y eso no es bueno.

Aquí está la dura verdad: estamos viviendo en una época en la que nuestras mujeres jóvenes están asumiendo que podrían ser mejor que los varones. Para Caenis y Rūpyāvatī, como para muchas mujeres jóvenes de nuestro

---

[7] Para obtener más información sobre el efecto caracol en relación con el género, consulte YARHOUSE MARK y SADUSKY JULIA, *Emerging Gender Identities: Understanding the Diverse Experiences of Today's Youth.* Brazos Press, Ada, MI 2020.

190

tiempo, la feminidad se ha convertido en una carga insoportable en lugar de ser un don.

Y esto debería alarmarnos.

HIPERSEXUALIZACIÓN

¿Qué está alimentando esta huida de la feminidad? He estado observando esta tendencia desarrollarse desde lejos durante varios años, tratando de rastrear su génesis. A menudo recuerdo un texto que solía enseñar en teoría de género: «El cuerpo y la reproducción de la feminidad», de la teórica feminista Susan Bordo. Bordo escribe desde una perspectiva feminista posmoderna, basándose en las ideas de Foucault sobre las fuerzas sociales que tienen influencia sobre el cuerpo. Si bien rechazo el posmodernismo como una cosmovisión totalizadora, hay algunas ideas que podemos extraer de la filosofía posmoderna, por ejemplo cómo el lenguaje y la sociedad dan forma a nuestras percepciones de la realidad y la identidad. El análisis de Bordo sobre la anorexia y la bulimia generalizadas en los años 1970-1980, tal vez pueda arrojar algo de luz sobre esta nueva epidemia de nuestro tiempo.

Según Bordo, el cuerpo es un «medio de cultura», una «superficie en la que las reglas centrales, las jerarquías e incluso los compromisos metafísicos de una cultura se inscriben y, por lo tanto, se refuerzan a través del lenguaje concreto del cuerpo»[8]. Bordo argumenta que ciertas patologías surgen en respuesta a los ideales de género de épocas

---

[8] BORDO SUSAN, *The Body and the Reproduction of Femininity: A Feminist Appropriation of Foucault*, Gender, Body, Knowledge, Rutgers University Press ed. Alison M. Jaggar. New Brunswick, NJ 1989, p.13.

particulares. Por ejemplo, establece una correlación entre los ideales victorianos de feminidad delicada y pasiva, y el aumento de la histeria femenina en ese período y un paralelo similar entre el ideal de ama de casa de la década de 1950 y un aumento correspondiente de la soledad en las décadas inmediatas. En cada uno de estos ejemplos, escribe, «encontramos el cuerpo de la víctima profundamente inscrito con una construcción ideológica de la feminidad emblemática de los períodos en cuestión». Los trastornos alimenticios, argumenta Bordo, funcionan de manera similar, como una muestra exagerada de los ideales culturales de la feminidad, así como una rebelión contra ellos, «una especie de protesta feminista inconsciente». Como parte de su análisis, Bordo cita las memorias de Aimee Liu sobre la anorexia:

> En la escuela, descubre que su cuerpo cada vez más encogido es admirado, no tanto como un objeto estético o sexual, sino por la fuerza de voluntad y el autocontrol que proyecta. A medida que su cuerpo comienza a perder sus curvas femeninas tradicionales, sus senos y caderas y estómago redondeado, y comienza a sentirse y verse más como un cuerpo masculino sobrio y larguirucho, comienza a sentirse intocable, fuera del alcance del dolor, «invulnerable, limpio y duro como los huesos grabados en mi silueta», como lo describió una mujer. Desprecia, en particular, todas aquellas partes de su cuerpo que siguen marcándola como mujer. «Si tan solo pudiera eliminar [mis senos]», dice Liu. «Córtalos si es necesario»[9].

Los paralelismos entre esta descripción experiencial de la anorexia y la disforia de género son sorprendentes. Liu

---

[9] BORDO, *The Body and the Reproduction of Femininity: A Feminist Appropriation of Foucault*, p. 23.

no solo quiere librar a su cuerpo de grasa; quiere borrar su feminidad, que las curvas que la sellan como mujer se marchiten y desaparezcan.

No soy la única que ha notado paralelismos entre la disforia de la imagen corporal y la disforia de género. Lisa Littman, investigadora de la Universidad de Brown que publicó un estudio reciente sobre «el inicio rápido de la disforia de género» entre las adolescentes, describe el hallazgo de «muchos paralelismos potenciales entre la anorexia nerviosa y la disforia de género» en el curso de su investigación[10]. Al apelar al análisis de Bordo sobre la anorexia, no estoy proponiendo una teoría totalizadora que explique todos los casos de disforia de género. Estoy argumentando que una dimensión más amplia de este fenómeno cultural es una rebelión, una protesta contra la hipersexualización del cuerpo femenino.

Es difícil, tal vez imposible, crecer como mujer y no absorber la dolorosa idea detrás del mito de Caenis: ser mujer es ser vulnerable, particularmente a la explotación sexual. La idea de que las mujeres existen principalmente para el placer de los varones nunca ha sido más explícita, más omnipresente, que en nuestra época visiblemente feminista. Algunas feministas incluso han abrazado esto, cantando las alabanzas positivas del sexo de la pornografía y la prostitución como algo liberador para las mujeres. Incluso aquellos dispuestos a nombrar y criticar la sexualización generalizada de mujeres y niñas están menos dispuestos a reconocer las formas en que el feminismo

---

[10] Kay Jonathan, *An interview with Lisa Littman*, quien acuñó el término «disforia de género de inicio rápido», *Quillette, 19 de* marzo de 2019, https://quillette.com/2019/03/19/an-interview-with-lisa-littman-who-coined-the-term-rapid-onset-gender-dysphoria/.

mismo ha contribuido a ello. Me resulta perturbador ver a feministas declaradas denunciar los frutos podridos de la revolución sexual mientras simultáneamente cuidan las raíces esta misma revolución.

Esta hipersexualización de la feminidad se convierte, para algunos varones trans-identificados, en una especie de fetiche sexual: una fetichización simultánea del cuerpo femenino, así como de sus propios cuerpos. Definen a la mujer como un objeto sexual y desean ser ese objeto sexual. En sus memorias *Whipping Girl*, el varón transidentificado Julia Serano escribe con franqueza sobre sus propias fantasías de violación: «Aunque nunca creí realmente el cliché de que las mujeres son buenas para una sola cosa, ese sentimiento siguió arrastrándose en mis fantasías». Describe estas fantasías, que comenzaron en la adolescencia, como «sacramentos católicos bastardos»; trató de purgarse de la culpa «combinando mi deseo de ser mujer con la penitencia y el castigo autoinfligidos»[11]. Otro varón trans-identificado, Andrea Long Chu, escribe que la pornografía es «la definición por excelencia de feminidad»[12]. Ser mujer es ser dominada, estar sujeta al deseo de otro, «convertirse en lo que alguien más quiere»[13]. Chu critica la taxonomía de Blanchard porque piensa que la «autoginefilia» no es una parafilia, sino característica de toda la sexualidad humana. Todo el mundo es mujer, dice, y todo el mundo lo odia.

Varios escritores católicos están de acuerdo con que la escritura de Chu exhibe oscuros paralelismos con el ideal

---

[11] SERANO JULIA, *Whipping Girl: A Transexual Woman on Sexism and the Scapegoating of Femininity* Basic Books, Nueva York 2016, p. 274–75.

[12] CHU LONG ANDREA, *Females: A Concern*. Verso, Nueva York 2019, p 63.

[13] CHU, Females , p. 74.

espiritual cristiano de rendirse a Dios que se expresa perfectamente en María. Como dice Angela Franks, «la visión del mundo de Chu es perversa y un negativo fotográfico del cristianismo, en el que la receptividad a la acción amorosa de Dios se ha retorcido en sumisión a los dictados imperiosos del deseo»[14]. En estos relatos nihilistas, la realidad personal y corporal de la feminidad se borra, se abstrae en el deseo masoquista, como si «femenino» fuera simplemente una forma platónica de un objeto sexual.

Cuando leo estos relatos de feminidad, siento que quiero esconderme, quiero que las características visiblemente femeninas de mi cuerpo se disuelvan y desaparezcan por completo. Si esto es lo que significa ser mujer, ser degradada, dominada, despersonalizada, reducida a un objeto para el uso de otra persona, no quiero participar en ello. *Ya no me hagas una mujer.* ¿Acaso es extraño que nuestras jóvenes estén en rebelión?

Desafortunadamente, esta rebelión está mal dirigida. Estas mujeres jóvenes se están rebelando, comprensiblemente, contra la hipersexualización del cuerpo femenino, pero al hacerlo, se están volviendo contra el cuerpo mismo. Para citar a Bordo una vez más, «aunque podemos hablar significativamente de protesta, entonces, enfatizaría la naturaleza contraproducente, trágicamente

---

[14] FRANKS ANGELA, «Andrea Long Chu dice que eres una mujer, y él solo está parcialmente equivocado», Public Discourse, 10 de diciembre de 2019, https://www.thepublicdiscourse.com/2019/12/58719/. Véase también TUSHNET EVE, Is Everyone Female?, *Commonweal*, 7 de febrero de 2020, https://www.commonwealmagazine.org/everyone-female. También Stephen Abudato, "Andrea Long Chu's *Females* Subverts Subversiveness", *Catholic World Report*, 16 de septiembre de 2020, https://www.catholicworldreport.com/2020/09/16/andrea-long-chus-females-subverts-subversiveness/.

contraproducente (de hecho autodeconstruida) de esa protesta»[15]. Mientras Bordo escribe aquí sobre la anorexia, yo aplicaría esta declaración a la actual epidemia de transición de género. Deshacerse de los marcadores visibles de la feminidad puede parecer tan empoderador para la adolescente transgénero como para la anoréxica, pero estas formas de protesta son en última instancia violentas y autodestructivas. La mejor revolución, y la más difícil, es aprender a ver la belleza y la dignidad de una mujer en medio de una cultura que la niega.

El cuerpo femenino en nuestra sociedad, ya no señala a la procreación, al alimento y a la compasión, más bien lo hace hacia el placer estéril. Es así como se siente convertirse en mujer, nuestro cuerpo es solo una herramienta para la gratificación; es como si no me vieran como un ser humano completo, sino como un instrumento de placer sexual.

Debido a esto, nunca me ha gustado tener senos. Además aparecieron demasiado pronto. En sexto grado, yo era un monstruo, una cabeza más alta que todos los demás y ya estaba en una copa C; los chicos de mi clase inventaron un ingenioso estribillo sobre el tamaño de mis senos. Me sentí muy aliviada cuando, en séptimo grado, otra desafortunada niña saltó a la copa D, y yo ya no era la Reina del Busto. Mis pechos me hacían sentir expuesta; la metamorfosis de mi cuerpo se sintió como una traición y yo solo quería retirarme al anonimato del pecho plano. Me maravillé de las chicas que parecían disfrutar de tener senos, que querían llamar la atención sobre ellos, aumentarlos y presentarlos al mundo como un pastel recién horneado. Yo solo quería esconderlos.

---

[15] BORDO, *The body*, p.21.

Como era de esperar, un cuerpo de una mujer creciendo cuando aún era adolescente llamó la atención de los chicos mayores, y fui introducida en el complicado mundo de las relaciones sexuales demasiado pronto. Era difícil no sentir que mi cuerpo, especialmente esos senos, esas *protuberancias*, eran en parte culpables de esta iniciación. Hubo muchas veces, durante esos turbulentos años de feminidad emergente, en las que habría rezado fácilmente la oración de Rūpyāvatī, para que mis pechos retrocedieran avergonzados y desaparecieran.

Esa no era una opción en ese momento para mí, tal vez si lo hubiera sido habría contemplado tomarla; nací veinte años antes de tiempo. No me malinterpreten: no estoy expresando arrepentimiento, sino consuelo. Me siento aliviada que cuando estaba en medio del autodescubrimiento en la universidad, lo único que tenía que cuestionar era mi fe y mi orientación sexual, no mi feminidad en sí. *Eso* era un hecho, así que aprendí a vivir con senos en lugar de deshacerme de ellos. Debido a esto, he tenido el don de experimentar su *telos*: fuentes de vida y dulce leche para mis bebés. Mi enfermedad crónica con tener senos, especialmente los difíciles senos lactantes, se suspende temporalmente en la indescriptible comunión de la lactancia materna. Inclusive cuando no estoy amamantando, incluso para la mujer *que nunca* lacta, es posible entender que los senos son signos visibles de la entrega femenina, la capacidad y el llamado a nutrir las almas y los cuerpos, toda la personalidad, de aquellos que están bajo nuestro cuidado.

A pesar de este conocimiento, admitiré sentir alivio cuando llegue el momento del destete y mis senos vuelvan a ser discretos nuevamente, más pequeños y moderados.

Mientras escribo este libro, he leído y escuchado docenas de historias de mujeres y niñas trans-identificadas, muchas de las cuales han «destransicionado», mujeres que durante un tiempo se identificaron como varones transgénero, a menudo alterando sus cuerpos permanentemente, que luego decidieron volver a identificarse como mujeres. El proceso de transición es una serie de «efecto dominó» que típicamente conducen de una cosa a otra: primero, el cambio lingüístico, la elección de nuevos pronombres y un nuevo nombre; luego, intervenciones médicas, como tomar inyecciones de testosterona, amputar senos o someterse a una cirugía estética en los genitales. Las niñas que pasan por una transición lingüística y luego vuelven atrás se llaman «desistentes», porque «desisten» del proceso de transición antes de que se complete. El proceso para quienes pasan por una transición lingüística y médica, y luego revierten se llama «destrasición» o simplemente «destrans».

Las historias de *destrans* son cada vez más comunes, a pesar de los esfuerzos de los activistas trans para descartar y silenciar esas voces. Mientras que la transición es alabada y celebrada como una hazaña de auténtica autorrealización, los que realizan destrasición son ridiculizados y acusados de traidores a la causa. Los activistas los caracterizan erróneamente como falsificaciones, «mujeres cis» que nunca fueron «verdaderas trans» cuyas historias pueden ser ignoradas. Las historias *destrans* son amenazantes para algunos porque sirven como un espejo, reflejando una realidad desconcertante que está en desacuerdo con la fantasía de la autoinvención sin fisuras ni dolor.

No hay una razón singular para decidir la transición o decidir la destransición. Cada historia que he escuchado, como cada ser humano, es única. Sin embargo, hay patrones que emergen, puntos en común entre las historias que señalan múltiples fuerzas causales. Uno de ellos es el tema discutido anteriormente: la hipersexualización de niñas y mujeres. Una y otra vez, escucho a las mujeres en transición nombrar la incomodidad de acercarse a la pubertad y recibir repentinamente atención sexual no deseada de los hombres. Para muchas de estas niñas, la feminidad parecía sinónimo de ser objeto sexual por eso no es de extrañar que quisieran refugiarse en una identidad masculina. Conozco bien esta incomodidad, es parte de mi propia historia. Conozco la sensación de querer disociarme de un cuerpo que cambia rápidamente, querer excavar dentro de mí, como una tortuga agachándose dentro de su caparazón, un caparazón que, para mi horror, le crecían senos.

Esta experiencia adolescente común se complica por otro factor clave, uno que diferencia mi mayoría de edad en los años ochenta y noventa, de la niñez de hoy: el mundo expansivo de Internet, que ahora media la mayoría de nuestras interacciones sociales. Hoy en día, Internet es como la ballena de Jonás, una bestia que nos ha tragado enteros. Vivimos en su vientre oscuro con nuestros rostros iluminados por las pantallas.

Cuando tenía doce años, este monstruo marino era más como un delfín juguetón con el que interactuaba de vez en cuando. Estos eran los días de acceso telefónico: asegúrese de que no haya nadie en el teléfono fijo y luego espere cinco minutos insoportables para que el torpe ordenador se conecte lentamente a Internet. Una vez que estuve conectada, no aparecían muchas imágenes, solo palabras de colores brillantes sobre pantallas blancas o negras, fuentes y gráficos cojos, sin videos en absoluto. No había *influencers* en Instagram y YouTube. No había cámaras de teléfonos inteligentes con filtros favorecedores. Estaba en la escuela de posgrado cuando me uní a *Facebook*, que todavía estaba limitado a las comunidades universitarias. Ya era profesora, con un Ph.D en mano, cuando obtuve mi primer teléfono inteligente. Cuando era un adolescente abrumada, torpe y que se odiaba, las redes sociales y sus fantasías interminables aún no existían. Gracias a Dios.

En *todas* las historias de transición que he escuchado, Internet ha jugado un papel clave. Incluso en la historia de Laura Reynolds, una mujer de mi edad, que hizo la transición mucho antes de la escalada actual y previa a la existencia de las redes sociales. Incluso ella se encontró por primera vez con la tentadora perspectiva de cambiar su sexo en un *blog* de Internet[16]. Las personas que han destrasicionado más recientemente, describen estar inmersos en el mundo de Internet, darse atracones en videos de YouTube y blogs de Tumblr, seguir obsesivamente a personas trans influyentes para obtener hormonas, vendar senos y elaborar una narrativa de disforia convincente de por vida para apaciguar a los médicos y miembros de la familia.

La esfera pro-trans tiene un gran parecido con la esfera «*pro-ana*» y «*pro-mia*»: sitios web y comunidades que promueven la anorexia y la bulimia como una opción de estilo de vida y dan consejos a los seguidores sobre cómo perder peso, suprimir el hambre y ocultar evidencia de trastornos alimenticios, deificándolas como diosas Ana y Mia. Ven su enfoque de la alimentación y el ejercicio no como patológico, sino como empoderamiento, una

---

[16] *Renegotiating Womanhood: A Detrans Story, with Laura*, entrevista de Boyce Benjamin ., 21 de enero de 2020, video de YouTube, 1:15, https://www.youtube.com/watch?v=4DOUcpFxKKw.

fuente de disciplina y control. Tanto los grupos pro-ana como los pro-trans promueven la autolesión como liberación, confiando en el apoyo y la presión de los compañeros para motivar a los seguidores en su búsqueda del cuerpo ideal.

El mundo de Internet se presta a movimientos como este por varias razones. Primero, existe la capacidad de conectarse con personas de ideas afines de todo el mundo y formar comunidades insulares. En la esfera pro-trans, los activistas adultos a menudo animan a los adolescentes a hacer la transición, colmándolos de aliento y afecto que a veces puede cruzar la línea hacia el acoso sexual[17]. Muchas de las historias detrans que he escuchado describen este entorno como de culto, caracterizado por el pensamiento grupal patológico y la conformidad ideológica, apoyando el aislamiento de amigos y familiares que plantean preguntas o preocupaciones sobre la transición.

Los grupos pro-trans y pro-ana también comparten esta característica: un esfuerzo concertado violentamente para imponer un ideal fantaseado sobre la realidad material del cuerpo. *Online* es fácil creer que el cuerpo no importa. Los cuerpos en Internet ya no son «reales»; se aplanan en imágenes bidimensionales cuidadosamente seleccionadas. La autoinvención en el ámbito de Internet no tiene límites. Nuestro yo digital son avatares, ilimitados por circunstancias físicas que se vuelven ineludibles en el mundo fuera de internet. *Online*, el sexo es simplemente una etiqueta seleccionada de una lista desplazable,

---

[17] Véase, por ejemplo, BOYCE BENJAMIN, *Coercion and Abuse in the Gender ID Community with GNC- Centric*, entrevista de Benjamin A. Boyce, 14 de marzo de 2019, video de YouTube, 1:13, https://www.youtube.com/watch?v =QAMar22S0ck.

una fachada exterior. El sexo se convierte en género, una estética completamente separada de la potencialidad reproductiva. De alguna manera, la transición es un intento de crear un filtro de palabras reales de un cuerpo idealizado que puede imponerse al yo. *Aparecer* es llegar a *ser*.

Afortunadamente, la comunidad médica y la sociedad en general no consideran la anorexia y la bulimia como algo para celebrar, lo que mantiene un control sobre el contagio y mantiene abierta la posibilidad de que las personas con trastornos alimenticios puedan buscar la curación. Sin embargo, este no es el caso con las alteraciones corporales requeridas para apoyar una identidad trans. La transición médica ahora se acepta como el estándar de atención para aquellos que sufren de disforia de género, a pesar de la falta de evidencia de alta calidad para apoyar este enfoque. En 2016, la administración Obama realizó una revisión exhaustiva de todas las investigaciones existentes revisadas por pares sobre remedios quirúrgicos para la disforia de género para decidir si esos procedimientos deberían estar cubiertos por Medicare. Después de revisar la evidencia, eligieron no emitir una Determinación de Cobertura Nacional, porque la evidencia clínica de la eficacia de estos tratamientos sigue sin ser concluyente[18].

Más recientemente, en 2020, *The American Journal of Psychiatry* emitió una corrección a un estudio de 2019 que inicialmente parecía sugerir que la transición médica es beneficiosa para la salud mental. Sin embargo, el estudio original no comparó los resultados entre los individuos

---

[18] *Decision Memo for Gender Dysphoria and Gender Reassignment Surgery*, Centros de Servicios de Medicare y Medicaid, última modificación el 30 de agosto de 2016, https://www.cms.gov/medicare-coverage-database/details/nca-decision-memo.aspx?NCAId=282&bc=ACAAAAAAQAAA&.

disfóricos que recibieron cirugías y los que no lo hicieron. Cuando los investigadores compararon sus hallazgos iniciales con este grupo de control, el beneficio desapareció: «Los resultados no demostraron ninguna ventaja de la cirugía en relación con las visitas posteriores de atención médica relacionadas con el estado de ánimo o el trastorno de ansiedad o las recetas u hospitalizaciones después de los intentos de suicidio». Este hallazgo actualizado es impresionante: estas intervenciones médicas invasivas, costosas e irreversibles impulsadas por la industria médica *no mostraron ningún beneficio para la salud mental*[19] (el estudio ni siquiera evaluó la salud física).

Esta corrección recibió poca atención de los medios a diferencia de los hallazgos originales del estudio, mientras las organizaciones médicas y los profesionales continúan impulsando el modelo de afirmación. En lugar de tratar de entender, a través de la psicoterapia, por qué un individuo en particular podría odiar su cuerpo, la recomendación es reafirmar ese odio a sí mismo y alterar permanentemente el cuerpo.

Medicar el cuerpo

Permítanme hacer una pausa aquí y señalar que no todas las personas que se identifican como trans están de acuerdo con el modelo de atención afirmativa. Muchos

---

[19] Corrección a Bränström y Pachankis, *American Journal of Psychiatry* 177, no. 8 (agosto de 2020): 734, corrección https://doi.org/10.1176/appi.ajp.2020.1778. Estudio original: R. Bränström y J. E. Pachankis, Reducción en la utilización del tratamiento de salud mental entre individuos transgénero después de cirugías de afirmación de género: un estudio de población total, *American Journal of Psychiatry* 177, no. 8 agosto de 2020, p. 727–34, https://doi.org/10.1176/appi.ajp.2019.19010080

reconocen fácilmente las realidades biológicas de su sexo natal y preferirían vivir tranquilamente, fuera del foco de atención de las guerras culturales. Algunos, de hecho, se oponen activamente a los extremos del activismo trans, particularmente cuando se trata de medicar a los niños.

Una de esas personas es Scott Newgent. Scott es un activista trans, pero no el tipo de activista que impulsa la transición como una panacea para adolescentes y niños con angustia psicológica. Scott aboga *por* el bienestar de los niños, rechazando los extremos del paradigma de género. Como parte de esta defensa, Scott ha escrito en detalle gráfico sobre el agotador y en su caso, casi fatal proceso de transición médica:

> Durante mi propia transición, tuve siete cirugías. También tuve una embolia pulmonar masiva, un viaje en helicóptero, un viaje en ambulancia de emergencia, un ataque cardíaco inducido por el estrés, sepsis, una infección recurrente de 17 meses debido al uso de la piel equivocada durante una faloplastia (fallida), 16 rondas de antibióticos, tres semanas de antibióticos intravenosos diarios, la pérdida de todo mi cabello, cirugía reconstructiva de brazo (solo parcialmente exitosa), daño pulmonar y cardíaco permanente, un corte de vejiga, alucinaciones inducidas por insomnio, oh y pérdida frecuente de conciencia debido al dolor en el interior de mi uretra. Todo esto me llevó a una forma de trastorno de estrés postraumático que me hizo prisionero en mi apartamento durante un año. Entre mi compañía de seguros y yo, los gastos médicos superaron los 900 000 dólares[20].

---

[20] NEWGENT SCOTT, *Olvídate de lo que te dicen los activistas de género. Así es como se ve la transición médica*, Quillette, 6 de octubre de 2020, https://quillette.com/2020/10/06/forget-what-gender-activists-tell-you-heres-what-medical-transition-looks-like/

Scott está contando esta historia para contrarrestar la narrativa del «arco iris» de la transición como algo seguro, fácil, sin dolor, un tratamiento mágico que puede transformar milagrosamente a alguien en el sexo opuesto. En realidad, enfatiza Scott, la apariencia de uno puede cambiar, pero no el sexo. Incluso esta transformación cosmética solo se puede lograr a un gran costo para la salud física.

El incansable activismo de Scott se centra en proteger a los jóvenes, que son arrastrados cada vez más por una ideología peligrosa, una ideología que ahora está alimentando una industria de miles de millones de dólares. Si solo la transición quirúrgica de Scott costó casi un millón de dólares, solo piense cuánto dinero se pueden ganar poniendo a miles de personas, incluidos niños y adolescentes, en el camino hacia una vida de medicación. La transición médica, después de todo, no es un evento de una sola vez. Las intervenciones físicas, como tomar hormonas sexuales cruzadas, deben mantenerse continuamente para evitar que la realidad del sexo se reafirme. Una búsqueda rápida de «cirugía superior», el eufemismo para la amputación de senos, en el sitio de crowdsourcing *GoFundMe* muestra más de 37 000 resultados. Como las cirugías superiores cuestan entre 5000 y 10 000 dólares americanos, el dinero generado por las personas que usan *GoFundMe* (presumiblemente solo una fracción de las cirugías generales) será de casi 300 millones de dólares. Actualmente se están realizando mastectomías dobles en niñas de tan solo trece años[21].

---

[21] OLSON-KENNEDY JOHANNA et al., *Reconstrucción torácica y disforia torácica en menores transmasculinos y adultos jóvenes: comparaciones de cohortes no quirúrgicas y postquirúrgicas*, JAMA Pediatric 172, no. 5 2018, p. 431-36, https://doi.org/10.1001/jamapediatrics.2017.5440.

Una práctica impulsada por activistas, y cada vez más adoptada por los profesionales médicos, es el uso sin rigor médico de Lupron, un medicamento que puede detener el proceso natural de la pubertad en los niños. Lupron es una terapia hormonal aprobada para varones con cáncer de próstata y mujeres con endometriosis. Prescribirlo a los niños no ha sido rigurosamente estudiado o sancionado por la FDA. Estamos experimentando activamente con nuestros propios hijos.

En 2017, la Sociedad de endocrinología, la organización profesional internacional líder en el campo de la endocrinología, publicó nuevas pautas de atención para adolescentes con disforia de género. Estos estándares de cuidado establecen que el trabajo de los endocrinólogos ahora es «afirmar médicamente» a los menores disfóricos al proporcionar medicamentos para la supresión de la pubertad y hormonas sexuales cruzadas. El Dr. Will Malone, endocrinólogo, estuvo presente en la reunión nacional cuando se publicaron estas directrices. Estaba confundido por la repentina redirección, particularmente porque estas pautas resultarían en la esterilización casi segura del paciente, además de otros efectos irreversibles. Cuando escuchó por primera vez las pautas, el Dr. Malone asumió que él debía haberse perdido de algún «estudio histórico», alguna «evidencia impresionante» que podría «cambiar el panorama» tan radicalmente para justificar la directiva de que «el apoyo de salud mental y la psicoterapia queden a fuera y la afirmación dentro»[22].

---

[22] Ayad Sasha y O'Malley Stella, *Intervenciones hormonales: From Fringe to Mainstream: una conversación con el Dr. Will Malone*, Género: un podcast de lente más amplia, 8 de enero de 2021.

Y se sorprendió al descubrir que no existe tal evidencia. Este cambio monumental en la práctica clínica fue apoyado por solo un pequeño estudio, no controlado con evidencia de baja calidad de los Países Bajos. Según el Dr. Malone, «la calidad de la evidencia es tan baja» que estos protocolos deben considerarse terapias experimentales, no accesibles al público excepto a través de ensayos controlados. Sin embargo, actualmente no existen tales ensayos. El Dr. Malone es enfático: los endocrinólogos que siguen estas pautas están «trabajando en la medicina experimental», y «la consecuencia de eso es que las personas serán lesionadas. Y eso es lo que estamos viendo».

El estudio danés citado como evidencia para apoyar el modelo de afirmación, conocido como el protocolo holandés, se basó en solo cincuenta y cinco sujetos[23]. Todos estos eran jóvenes que habían estado luchando con la disforia de género desde la infancia, y fueron tratados con bloqueadores de la pubertad y hormonas sexuales cruzadas, seguidos de la extirpación quirúrgica de los senos, el útero y los ovarios para las niñas, y la extirpación de los testículos y la vaginoplastia para los niños. El estudio no tuvo un grupo de control, por ejemplo, un grupo tratado con métodos no invasivos, y no evaluó los efectos en la salud física. Además, los resultados mostraron que la disforia de género y la imagen corporal negativa en realidad *empeoraron* durante la supresión de la pubertad. Lo más inquietante es que para uno de los veinte adolescentes varones, la vaginoplastia resultó fatal, murió de fascitis necrotizante después de su cirugía. Más de una

---

[23] DE VRIES ANNELOU L. C. et al., *Young Adult Psychological Outcome after Puberty Suppression and Gender Reassignment, Pediatrics* 134, no. 4 octubre de 2014, p. 696–704, https://pediatrics.aappublications.org/content/134/4/696.

docena de otros jóvenes no pudieron continuar debido a complicaciones de salud a causa de las hormonas sexuales cruzadas. En total, solo cuarenta de los cincuenta y cinco que iniciaron, completaron el estudio. El seguimiento final, que mostró cierto alivio de la disforia de género y las tasas de felicidad subjetiva, fue solo un año después de la operación. No hubo una evaluación a largo plazo de la efectividad de la reasignación quirúrgica.

A pesar de la evidencia de baja calidad y una tasa de mortalidad del 4,5 % para los niños varones, la práctica médica actual no solo sigue, sino que en realidad *va más allá de* las recomendaciones de este estudio no controlado, instando a una transición social más temprana, que es desaconsejada por el protocolo holandés, y aplicando los hallazgos a jóvenes con disforia de género de inicio tardío, una población emergente que no se incluyó en el estudio original. Thomas Steensma, uno de los investigadores principales detrás del protocolo holandés, recientemente cuestionó si los hallazgos de su estudio de 2014 deberían usarse para tratar a la cohorte actual de jóvenes. «No sabemos si los estudios que hemos hecho en el pasado todavía se pueden aplicar a este tiempo, muchos más niños se están registrando, y también un tipo diferente»[24]. Desafortunadamente, los médicos en los Estados Unidos y en otros lugares no están prestando atención a estos llamados urgentes para realizar una mejor investigación, porque la

---

[24] TETELEPTA BERENDIEN, *More Research Is Urgently Needed into Transgender Care for Young People: Where Does the Large Increase of Children Come From?*, *AD* [periódico holandés], 27 de febrero de 2021, traducción al inglés en https://www.voorzij.nl/more-research-is-urgently-needed-into-transgender-care-for-young-people-where-does-the-large-increase-of-children-come-from/

fuerza detrás de estos cambios catastróficos en el protocolo, es la ideología en lugar de la evidencia.

Los activistas y los médicos obedientes venden la supresión de la pubertad como un «botón de pausa» que es completamente reversible y sin efectos a largo plazo. Esta afirmación sin fundamento de completa reversibilidad solía reflejarse en el sitio web del Servicio Nacional de Salud británico (NHS), hasta que la redacción se cambió silenciosamente, en mayo de 2020, para decir:

> Poco se sabe acerca de los efectos secundarios de la hormona o los bloqueadores de la pubertad en niños con disforia de género. Aunque el Servicio de Desarrollo de Identidad de Género (GIDS) informa que este es un tratamiento físicamente reversible si se detiene, no se sabe cuáles pueden ser los efectos psicológicos. Tampoco se sabe si los bloqueadores hormonales afectan el desarrollo del cerebro adolescente o los huesos de los niños[25].

Este distanciamiento de la recomendación GIDS ocurrió en el contexto del caso Bell v. Caso Tavistock, que se inició en octubre de 2019 y concluyó en diciembre de 2020. Keira Bell, una mujer de veintitrés años, inició acciones legales contra el NHS-GIDS por ponerle bloqueadores de la pubertad a la edad de dieciséis años, iniciando un camino de medicación que incluiría una mastectomía doble y años de hormonas sexuales cruzadas. Bell ahora

---

[25] Tratamiento: Disforia de género, Servicio Nacional de Salud, última actualización el 28 de mayo de 2020, https://www.nhs.uk/conditions/gender-dysphoria/treatment/; KIRKUP JAMES, El NHS ha cambiado silenciosamente su guía trans para reflejar la realidad", *The Spectator*, 4 de junio de 2020, https://www.spectator.co.uk/article/the-nhs-has-quietly-changed-its-trans-guidance-to-reflect-reality

es probablemente infértil debido a los tratamientos farmacológicos, y su tiempo con testosterona le ha dado características sexuales secundarias masculinas que son irreversibles, como una voz más profunda, la manzana de Adán y el vello facial.

Bell ganó su caso contra la Clínica Tavistock en diciembre de 2020. El Tribunal Superior determinó que los niños menores de dieciséis años no pueden consentir legalmente el uso de bloqueadores de la pubertad. Después de revisar cuidadosamente todas las pruebas disponibles, el Tribunal declaró que las drogas de bloqueo de la pubertad b y las hormonas sexuales cruzadas son de hecho tratamientos experimentales con impactos irreversibles, aún no respaldados por un estudio científico riguroso. De hecho, la sentencia del tribunal reveló que GIDS ni siquiera había estado rastreando con precisión los resultados de sus tratamientos; los resultados de su «experimento» ni siquiera estaban siendo evaluados a través de controles cuidadosos. Este fallo histórico deja claro el hecho de que estos llamados tratamientos no se basan en evidencia, sino en suposiciones ideológicas sobre el sexo y el género y el privilegio de *la apariencia* sobre la salud física y la funcionalidad[26].

---

[26] En septiembre de 2021, el Tribunal de Apelación anuló esta sentencia inicial, apelando al precedente legal anterior de que «correspondía a los médicos, no a los jueces, decidir sobre la capacidad de los menores de 16 años para dar su consentimiento para recibir tratamiento médico». Véase QUINCY BELL Y MRS A V. THE TAVISTOCK AND PORTMAN, NHS Foundation Trust: Judgment Summary, Judicial of England and Wales, 17 de septiembre de 2021, https://www.judiciary.uk/wp-content/uploads/2021/09/Bell-v-Tavistock-summary-170921.pdf. Bell planea apelar este fallo ante la Corte Suprema. Véase Haroon Siddique, Appeal Court Overturns UK Puberty Blockers Ruling for Under- *16s, Guardian*, 17 de septiembre de 2021, https://www.theguardian.com/society/2021/sep/17/appeal-court-overturns-uk-puberty-blockers-ruling-for-under-16s-tavistock-keira-bell.

Los niños que reciben bloqueadores de la pubertad y luego reciben hormonas sexuales cruzadas *nunca pasan por la pubertad.* Ese proceso natural está completamente detenido. Esto no solo conduce a la esterilidad permanente, sino que también detiene el desarrollo crítico del cerebro y los huesos que ocurre durante la pubertad. Las ramificaciones a largo plazo de esta parada artificial aún no se conocen. Sin embargo, se ha establecido que el uso pediátrico de Lupron puede provocar dolor crónico por huesos frágiles y deterioro de las articulaciones, así como grietas y caídas de los dientes[27]. Casi el 100 % de los niños que reciben bloqueadores de la pubertad proceden a tomar hormonas sexuales cruzadas, con efectos secundarios irreversibles[28]. Lupron no es un botón de pausa, sino la puerta de entrada a un mundo desconocido.

Los menores que buscan estos tratamientos están en gran angustia psicológica y, como madre, sé que sus padres deben estar desesperados por aliviar esa angustia. El camino hacia este infierno de medicación de por vida esta pavimentado con buenas intenciones, pero esto no es excusa para llevar a cabo un experimento en jóvenes, a gran escala y sin evaluación. Los adultos deben saberlo mejor, especialmente los profesionales médicos. Sospecho y espero, que el caso Bell vs. Tavistock sea la primera ola en un próximo tsunami de demandas.

Las mujeres y las niñas que buscan la transición médica y luego cambian de rumbo se quedan con efectos

---

[27] JEWETT CHRISTINA, La droga utilizada para detener la pubertad en los niños puede causar problemas de salud duraderos, *STAT News*, 2 de febrero de 2017, https://www.statnews.com/2017/02/02/lupron-puberty-children-health-problems/.

[28] BARNES HANNAH Y COHEN,DEBORAH Tavistock Puberty Blocker Study Published after Nine Years, *BBC News*, 11 de diciembre de 2020, https://www.bbc.com/news/uk-55282113.

irreversibles que van desde algunos inconvenientes hasta consecuencias devastadoras, y esos efectos no siempre se conocen de antemano. El primer paso médico suele ser la testosterona. Según los *influencers* trans en las redes sociales, «T» es algo así como una droga milagrosa. Puede darle una sensación de euforia, energía y disolver las capas de grasa que tienden a asentarse naturalmente alrededor de los senos y las caderas de las mujeres. Cambiar el equilibrio natural de las hormonas femeninas lejos del estrógeno conduce a características más masculinizadas, como aumento del vello facial, calvicie de patrón masculino, una voz más profunda. Todo esto suena bastante inofensivo, incluso atractivo para alguien que quiere parecer un varón.

Lo que está sucediendo dentro del cuerpo es una historia diferente. Privados de estrógeno, los órganos reproductores femeninos comienzan a descomponerse, volviéndose secos, endurecidos, fusionados, inflamados y propensos a la infección[29]. Esta creciente atrofia en el útero y la vagina puede ser extremadamente dolorosa, lo que hace que algo tan simple como caminar sea una difícil hazaña. Después de varios años con testosterona, la atrofia generalmente empeora hasta el punto de que se recomienda una histerectomía. En resumen: la testosterona mata lentamente los órganos reproductores femeninos hasta que tienen que ser extirpados quirúrgicamente.

---

[29] Ver Baldassarre M. et al., Effects of Long-Term High Dose Testosterone Administration on Vaginal Epithelium Structure and Estrogen Receptor- α and -β Expression of Young Women, *International Journal of Impotence Research* 25 (2013): 172–77. Véase también Juno Obedin-Maliver, Pelvic Pain and Persistent Menses in Transgender Men, UCSF Transgender Care, 17 de junio de 2016, https://transcare.ucsf.edu/guidelines/pain-transmen.

La testosterona, a pesar de ser una sustancia controlada de la Lista III, es fácil de obtener. La industria médica ha adoptado un modelo de «consentimiento informado» para dispensar estos medicamentos, lo que significa que alguien puede ingresar a una clínica, firmar un formulario de consentimiento y salir con medicamentos que alteran la vida. No es necesario ningún diagnóstico, y la parte «informada» del consentimiento no siempre es exhaustiva. En los Estados Unidos, *Planned Parenthood* se ha convertido en el principal distribuidor de lo que llaman «medicamentos feminizantes y masculinizantes»[30]. *Planned Parenthood* se enorgullece de su «modelo de "consentimiento informado" de baja barrera», que no requiere una referencia de un proveedor médico. Su sitio web enumera los posibles efectos de la testosterona, centrándose en los cambios externos (volumen muscular, crecimiento de la barba). El efecto secundario más desagradable que informan, es la posibilidad de acné y alopecia. La atrofia y la esterilización no se mencionan en absoluto[31].

El modelo de afirmación ha creado esencialmente un nuevo producto que está alimentando el aumento de la demanda del mercado. En 2010, había seis clínicas de género en los Estados Unidos que se ocupaban de las derivaciones para tratar la disforia de género con hormonas sexuales cruzadas, entre otras intervenciones. Ahora, hay

---

[30] *Gender Affirming Hormone Care, Planned Parenthood Columbia Willamette*, visitado por última vez el 5 de octubre de 2021, https://www.plannedparenthood.org/planned-parenthood-columbia-willamette/patient-resources/our-services/gender-affirming-care.

[31] *Gender Affirming Hormone Care, Planned Parenthood of the Great Northwest and the Hawaiian Islands*, visitado por última vez el 5 de octubre de 2021, https://www.plannedparenthood.org/planned-parenthood-great-northwest-hawaiian-islands/patient/services-transgender-patients.

sesenta y cinco clínicas de este tipo[32]. Esto es un aumento del 1200 % en una década. Estas clínicas oficiales de género no incluyen el gran número de clínicas comunitarias, como *Planned Parenthood*, que dispensan hormonas sexuales cruzadas sobre una base de consentimiento informado.

Mackenzie, una joven estadounidense detrans, fue a *Planned Parenthood* por su testosterona. Como le prometieron, el proceso de «consentimineto informado» fue de baja barrera. Ella sabía que su voz se haría más gruesa, pero en *Planned Parenthood* no le dijeron que la testosterona profundiza la voz al hacer que las cuerdas vocales se alarguen y engrosen. Mackenzie, una mujer delgada, no tiene un cuello hecho para acomodar cuerdas vocales gruesas, y ahora su voz se cansa fácilmente y le duele la garganta si habla durante largos períodos. Antes de su transición, le gustaba mucho cantar, ahora es muy difícil y su rango vocal está atrofiado. Durante su proceso de transición, Mackenzie experimentó una profunda disociación de su propio cuerpo. Parte de su viaje de regreso ha implicado reconectarse con su cuerpo a través del ejercicio y la creación de arte. Ella piensa en su cuerpo como un amigo ahora, en lugar de verlo como un objeto para ser examinado constantemente. Ella está tratando de aprender a cantar de nuevo[33].

Poco después de escuchar la historia de Mackenzie, me encontré con otras personas detrasicionando que hablaban de la misma lesión vocal. Una mujer publicó en internet

---

[32] AYAD Y O'MALLEY, *Hormonal intervention.*

[33] *"Mackenzie's Detransition Story"*, entrevista de Benjamin A. Boyce, 4 de abril de 2020, en Calmversations with Benjamin Boyce, *podcast, 4 de abril de 2020,* https://anchor.fm/boyceofreason/episodes/235--Mackenzies-Detransition-Story-eccosu.

214

un video cantando «*I Dreamed a Dream*» Yo soñé un sueño, instando a los espectadores a repensar la transición si querían mantener una voz para cantar. Nada de lo que se puede ganar con la transición vale esa pérdida, escribió.

Mientras la escuchaba cantar, me sentí atraída: primero por la belleza de su voz, profunda y rica, vacilante con un vibrato magnífico. Inicialmente, no estaba segura de lo que quería decir con que su voz estaba arruinada. Entonces su voz comenzó a quebrarse en las notas más altas, tambaleándose como la voz de un niño pubescente mientras se deslizaba hacia el rango más bajo. La vi presionar una mano contra su garganta durante algunas de las notas, como si estirarse para alcanzarlas le causara dolor.

Sin embargo, incluso en medio de esos tropiezos, las notas fallidas en ocasiones, me di cuenta de que estaba presenciando un tipo de belleza más profunda, la de una mujer siendo ella misma, libre de artificios: cabello corto inclinado hacia un lado, un rastro de bigote sobre el labio, tatuajes asomándose por el cuello de su camiseta, ya sin huir de sus imperfecciones, y aprendiendo a hacer música con ellas.

INTEGRIDAD

HE DADO A LUZ CUATRO VECES. Cinco, si incluyo el pequeño cuerpo que ya no vive, que salió de mi vientre con solo diez semanas. Los otros cuatro embarazos llegaron a término, mi cuerpo estirado por una engorrosa metamorfosis, en la que yo soy el capullo. Después de que llega el bebé, una vez que la crisálida se abre para revelar el rostro de un nuevo ser humano, me siento como un náufrago arrojado a la orilla en un estado de agotamiento flácido, no por el mar, sino por mis propias ondulaciones terribles. Así comienza la larga temporada *de secuelas posparto,* un período de tiempo agotador del que nadie habla realmente, que nunca aparece en la pantalla y está grabado en pocas páginas.

Después de cada uno de mis nacimientos, hay un momento en que puedo cojear al baño por mi cuenta con una gran compresa presionada entre mis piernas para atrapar el chorro de sangre que viene cuando me pongo de pie. Tengo que arrastrar los pies hasta llegar al espejo y no puedo evitar mirar a la extraña que veo, es como una Gorgona y me veo atrapada por su mirada. Noto un cuerpo que no se parece a mí, que no coincide con cómo aparezco en los sueños o con mi propia imagen mental. Tiene una mirada aturdida, medio devastada, como si acabara de salir del inframundo; sus pechos cuelgan, ya comenzando a endurecerse con leche, su vientre sobresale, vaciado ahora pero hinchado como seguirá estando durante algunos meses. Ella me llena de aversión, esa Medusa posparto. Ella es enorme y caricaturesca, está sangrando, goteando y con piel colgante. Trato de olvidarla, pero ella está allí en cada espejo, mirándome cuando espero verme.

Con ella viene un terror silencioso que se filtra lentamente en mi mente, como el agua que sube en la bañera hasta sumergirme. Cada sonido repentino se convierte en una amenaza, especialmente el llanto: cuando el bebé grita, siento ráfagas de electricidad en mi cerebro, sacudidas de pánico que a veces empeoran tanto que busco dolor para liberar la tensión, pinchando la piel de mi brazo con una aguja o lastimando mi muslo con una llave hasta que se pone morado. Entonces mi pánico se alivia, dando paso a una vergüenza generalizada que irradia todo mi ser como magma. Hay momentos de calma e incluso felicidad, sí, pero qué rápido se pueden romper y repentinamente puedo colapsar en el odio hacia mí y llenarme de miedo, ese que es como una bandera negra que se despliega y bloquea la luz.

En este estado, mi propia mente se convierte en un depredador. Los pensamientos invaden mi mente como un sacacorchos, girando y girando hasta que no puedo sacarlos. Atacan en momentos de tranquilidad, como durante la misa, y en lugar de Cristo en la Hostia elevada estoy viendo a un hombre armado irrumpir desde la parte trasera de la iglesia, y todos se acurrucan debajo de los bancos, y trato de esconder a mi bebé, pero él está atado a mí y llorando, y el pistolero puede escucharlo, no hay salida y mi carne no puede detener la bala que nos atravesará a ambos.

Así son las secuelas del nacimiento. Incluso ahora, mientras escribo esto, casi nueve meses después del parto, todavía no puedo mirarme en el espejo sin sentir repulsión y un deseo de castigar mi cuerpo, de matarlo de hambre hasta la sumisión. Cuando salgo del baño, me paro a un lado, escondiéndome de mi propio reflejo. Nunca pensé, hasta hace poco, en comparar mi dismorfia corporal posparto con la disforia de género. No estoy plagada por el deseo de ser un varón, eso es cierto. Sin embargo, cuanto más obviamente femenino se vuelve mi cuerpo, más incomodidad siento.

Después de la maternidad, anhelo encarnar la fantasía de ser mujer divorciada de la feminidad, una mujer de cuerpo duro, cadera recta y sin pecho, cuyo útero es imperceptible. Incluso mientras disfruto de la intimidad piel con piel de la lactancia materna, mis senos se sienten como intrusos, como apéndices artificiales.

La agudeza del dualismo que siento, el sentido desintegrado del yo, no es diferente a las descripciones que he escuchado de mujeres que se han identificado como trans en un momento u otro. No pretendo que mi experiencia me dé una visión completa de la experiencia transgénero, no lo hace, pero cuando escucho a las mujeres hablar sobre la disforia de género, siento un eco en mí, una voz interior que susurra, *sé cómo se siente*. Sin embargo, a diferencia de la disforia de muchas de estas mujeres, la mía es un fenómeno posparto agudo y, al menos hasta ahora, tiende a resolverse cuando dejo de amamantar y mi cuerpo se desinfla como un globo. Aceptar la verdad y la bondad de mi feminidad no resuelve inmediatamente los episodios de disforia corporal, pero sí, al menos la mayor parte del tiempo, me impide autolesionarme.

Me tomó años y múltiples nacimientos aceptar que mis pensamientos invasivos y mi autoaversión eran patológicos, un claro signo de ansiedad y depresión posparto. Mi primer instinto fue resistirme a la etiqueta, poder solucionarlo con mis propias fuerzas y los dientes apretados. Me escondí en una alcoba de negación, protegiéndome de la realidad, la de mi cuerpo materno y mi enfermedad mental.

Autolesiones como autocuidado

Según Laura Reynolds, una exmujer trans-identificada, el paradigma de género ha «rebautizado la autolesión como autocuidado»[34]. Esta es otra contorsión del lenguaje con consecuencias devastadoras. Como se discutió en el capítulo anterior, las pautas clínicas para la disforia de género se han desplazado en los últimos años hacia el modelo de afirmación, que asevera sin cuestionar la interpretación de un paciente sobre de su condición. Este parece ser el único rincón de la psicología donde se invierte el enfoque típico de la angustia psicológica, se alienta a los profesionales a tomar la autoevaluación del paciente al pie de la letra, en lugar de contrastar esa evaluación con la realidad.

¿Cómo sería, me pregunto, adoptar un enfoque «afirmativo» para mi enfermedad mental? ¿Cómo sonaría para

---

[34] *Renegotiating Womanhood: A Detrans Story, with Laura*, entrevista de Benjamin A. Boyce, 21 de enero de 2020, video de YouTube, 1:15, https://www.you tube.com/watch?v=4DOUcpFxKKw.

un terapeuta afirmar mi percepción de la realidad? sería algo así: «Sí, debes estar hipervigilante en todo momento, especialmente durante la misa, en caso de que aparezca un hombre armado. Estás en constante peligro, tu bebé podría morir en cualquier momento. Sí, tus senos no son *realmente* parte de ti ya que te sientes tan desconectada de ellos. De hecho, podrías considerar amputarlos, para que verlos ya no te moleste. Y sí, si sientes que eres una madre terrible, estoy seguro de que lo eres».

Puedes pensar que estoy siendo frívola aquí, porque esas respuestas parecen muy absurdas, lo contrario de lo terapéutico. Sin embargo, cuando escucho las historias de los destransicionados, a menudo así es como describen sus experiencias con el enfoque afirmativo. Los médicos y terapeutas afirmativos no exploran otras causas o posibles soluciones, sino que envían al paciente directamente por el camino de la transición médica.

Una joven, Grace, optó por informar a su médico afirmativo que había decidido deshacer la transición, un movimiento valiente que la mayoría de quienes destransicionan comprensiblemente no hacen[35]. Grace le explicó a su médico que lamentaba su cirugía superior y años con hormonas cruzadas, que estos supuestos tratamientos le habían traído «dolor, arrepentimiento y tristeza». El médico reconoció que Grace se habría beneficiado de que alguien ofreciera una solución distinta a la transición, y luego le dijo desconcertantemente: «No veo ese como mi papel». ¿Cuál vio el médico como su papel? Afirmación total, y solo afirmación: si un paciente dice que tiene

---

[35] CAREY CALLAHAN (@mariacatt42*)*, *Talking about Talking to Doctors*, Medium, 26 de agosto de 2019, https://medium.com/@mariacatt42/talking-about-talking-to-doctors-49778915ed4.

disforia de género, establézcalo como diagnóstico oficial y prescriba hormonas sexuales cruzadas. El médico de Grace puso la responsabilidad del diagnóstico completamente en Grace, y también la culpa cuando las cosas salieron mal. Grace se había apresurado a someterse a una mastectomía, dijo el médico, una cirugía para la cual el médico había escrito una recomendación oficial.

La experiencia de Grace con un terapeuta afirmativo no fue mejor. Cuando Grace dijo que estaba cuestionando su género, el terapeuta recomendó que Grace comenzara a vendar sus senos, una práctica que puede provocar dolor en el pecho y la espalda, dificultad para respirar y lesiones en la piel. «Ese resultó ser el peor consejo posible que podría haberme dado», dijo Grace. Vendarse causó dolor físico e hizo que la disociación con su cuerpo empeorara aún más. «Después de unos meses de vendarse», dijo, «realmente quería una cirugía superior para poder dejar de hacerlo».

Cuando Grace fue a un médico por posible TDAH, la respuesta fue una «gran cantidad de pruebas» antes del diagnóstico, y Grace no recibió medicamentos hasta que su trastorno alimenticio estaba en remisión. Sin embargo, con la disforia de género, a Grace no se le ofreció una evaluación sólida. No fue evaluada por ninguna afección preexistente antes de ser diagnosticada y se le recetaron medicamentos y cirugía que alteran la vida. Grace tenía un historial de depresión, aislamiento, trauma sexual y trastornos alimenticios, pero nada de esto fue explorado por su médico o terapeuta en un esfuerzo por comprender mejor la fuente de su dolor.

En una historia tras otra, escucho descripciones de una compleja angustia mental que se atribuye a una sola fuente, el género, y es «tratada» a través de la solución general y no probada, de la transición médica. No me sorprende que la gente se aferre a la noción de transición como una panacea para todos sus problemas. La idea de una solución directa y decisiva a las capas de angustia psicológica sería tentadora para cualquiera. Lo que me sorprende son los médicos, corriendo irreflexivamente como roedores por el camino de la afirmación, despreocupados por la falta de evidencia de alta calidad que justifique la medicación. El modelo de afirmación se aparta de enfoques terapéuticos probados como la terapia cognitiva conductual, que prueba las percepciones de un paciente contra hechos objetivos y evalúa distorsiones cognitivas.

La disforia de género debe ser reconocida y tratada como una enfermedad psicológica. Entiendo la resistencia al lenguaje del desorden y la patología, motivada por el temor de que ese lenguaje sea estigmatizante. Lo entiendo, pero no estoy de acuerdo. Reclasificar el *desorden* como *orden* excluye la posibilidad de recuperación. Pienso en mis propias batallas con la ansiedad, la depresión, las autolesiones. No quiero que alguien me diga que esas cosas son normales y buenas, quiero sanarme. Pienso en Jesús en los Evangelios, sanando a la gente de todo tipo de enfermedades. Claman a él, lo alcanzan y lo invocan, poderosamente conscientes de su necesidad de curación. No debemos resistirnos al lenguaje de la patología aquí. A lo que debemos oponernos es al estigma, a la ridiculización de aquellos que luchan con la enfermedad mental. Debemos normalizar la *experiencia* de esta lucha, pero no la enfermedad en sí. Y cuando hablo de los que luchan, me incluyo entre ellos.

Helena Kerschner, una mujer que se identificó como trans durante varios años, ha escrito deliberadamente sobre el «manicomio subterráneo» de la atención médica transgénero, que está moldeada por la ideología en lugar de serlo por la evidencia sólida[36]. Helena fue a una clínica de consentimiento informado cuando quiso comenzar a cruzar las hormonas sexuales. A pesar de que reveló en la entrevista de admisión que sufría de depresión debilitante y había pensado en el suicidio tan reciente como tres días antes, inmediatamente se le administró testosterona sintética sin evaluación psicológica, una poderosa droga que puede causar trastornos del estado de ánimo[37]. No le informaron sobre los efectos secundarios graves, como la atrofia vaginal que desarrolló más tarde. Helena ahora aboga por un «cuidado compasivo y basado en la evidencia», cuidado que atiende a la persona en su totalidad. «La atención verdaderamente compasiva y que salva vidas», escribe, «sería adoptar un enfoque individualizado con cada paciente y atender plenamente y de la manera menos ideológica posible el bienestar mental, emocional y físico de todo el ser humano»[38.]

El modelo de afirmación, aunque a menudo está motivado por la buena voluntad, en última instancia no es ético. Depende de un modelo dualista reduccionista de la persona. La bondad, la integridad y la entrega del cuerpo se descartan. El cuerpo es visto simplemente como un objeto inerte, sobre el cual se proyecta un sentido idealizado del yo. Este enfoque invierte la definición misma de salud, al buscar un «tratamiento» que enferma a un cuerpo

---

[36] KERSCHNER, HELENA *¿A qué costo? Trans Healthcare, Manipulated Data, and Self- Appointed Saviors*, New Discourses, August 6, 2020, https://newdiscourses.com/2020/08/trans-healthcare-manipulated-data-self-appaid-saviors/

[37] KERSCHNER HELENA (@lacroicsz), Twitter, 16 de julio de 2019, https://twitter.com/lacroicsz/status/1151238925698195456

[38] KERSCHNER,HELENA ¿A qué costo?

sano, interrumpiendo activamente el delicado equilibrio del sistema endocrino de manera que tiene efectos en cascada y muy nocivos. Las cirugías invasivas en genitales sanos a menudo son irreversibles e implican dolor a corto plazo y complicaciones a largo plazo. El enfoque de afirmación fomenta la violencia hacia el cuerpo sano en lugar de trabajar cuidadosamente a través de las causas subyacentes de la angustia psicológica y considerar formas de manejar esa angustia que no causen daño físico. En este modelo, el cuerpo es el chivo expiatorio, culpado como la única fuente del dolor propio y sacrificado en el altar de la voluntad.

¿Cómo sería acercarse a una persona en la profundidad de su complejidad? ¿En la plenitud de su dignidad? Tal enfoque primero buscaría comprender si la persona realmente sufre de disforia de género o si está sucediendo algo más. Clásicamente, la disforia de género se manifiesta en la primera infancia y, en la gran mayoría de los casos, se resuelve a través del proceso de la pubertad[39]. En casos de inicio tardío o repentino, es poco probable que haya una afección neurológica asociada. He escuchado historias de mujeres que experimentaron disforia infantil y nunca hicieron la transición; he escuchado historias de chicas que hicieron la transición sin experimentar una verdadera disforia. Incluso si hay patrones y ecos mutuos entre estas historias, ninguna es exactamente igual. Cada persona debe ser abordada en su situación única.

------

[39] Múltiples estudios han demostrado una alta tasa de desistimiento. Véase, STEENSMA THOMAS et al., *Factors Associated with Desistance and Persistence of Childhood Gender Dysphoria*: A Quantitative Follow-u p Study, *Journal of the American Academy of Child and Adolescent* Psychiatry 52, no. 6 (junio de 2013): 582–90. Este estudio mostró una tasa de desistimiento del 84 %.

¿Cómo sería tomar en serio la realidad concreta, especialmente la del cuerpo sano? ¿Ver el cuerpo como parte integral del yo? ¿Cómo sería «probar» las suposiciones de una persona contra esa realidad, para llevarla a una consideración fundamentada de la existencia material, en lugar de pretender que la materia no importa? ¿Qué pasaría si adoptáramos esto como un principio rector: *no dañar un cuerpo sano*?

¿Cómo sería cuestionar con delicadeza, las suposiciones de un paciente sobre los estereotipos sexuales en lugar de reforzarlas? ¿Fomentar un conocimiento saludable de la personalidad distintiva de uno, para darle a una niña la libertad de vivir su niñez, y a un niño su niñez, de una manera única e irrepetible? Esto también es parte de la visión creativa de Dios. Cuando la identidad sexuada se basa en el cuerpo, en lugar de limitarse a la mímica estereotipada, somos más libres para ser quienes somos.

A estas alturas he dejado claro que no estoy de acuerdo con la antropología transgénero, es decir, su negación del principio sacramental de que *el cuerpo revela a la persona*. Sin embargo, en cada deseo se puede encontrar un deseo de algo bueno, incluso si ese buen deseo se distorsiona o apunta a algo incorrecto. Las identidades trans señalan un anhelo de *plenitud,* de un sentido integrado del yo, en el que el cuerpo *revela* a la persona. Este deseo es fundamentalmente bueno; refleja la verdad del ser humano como una unidad de cuerpo y alma. El error viene al pensar que esta integración tiene que lograrse a través del engaño, a través de la violencia contra el cuerpo, en lugar de reconocer que estamos integrados por nuestra propia naturaleza. La mentira, *tengo que forzar a mi cuerpo a revelar mi verdadero yo*, suplanta la verdad: *el cuerpo que soy está siempre revelando mi personalidad.*

Este deseo permanente de integración y plenitud puede ser aprovechado, creo, como un puente de una antropología dualista a una holística: un puente entre el autorrechazo a la autoaceptación. En muchas historias de transición escucho un deseo fundamental de escapar del yo. El atractivo de la transición no se trata de la autoexpresión, sino de la autodestrucción, y la creación de una nueva persona por completo. Puedo ver lo atractivo que debe ser esto, especialmente para los adolescentes. Cómo habría aprovechado la oportunidad de ser alguien más durante mi adolescencia. Mis ideas suicidas intermitentes cuando era adolescente no se trataban tanto del deseo de estar muerta, sino del deseo de dejar de ser yo, de inmolarme y resucitar como un ave fénix.

El modelo de afirmación no puede ofrecer una verdadera autoaceptación, a menos que el cuerpo ya no se considere parte del yo. Elegir toda una vida de medicación para mantener una ilusión de identidad cruzada no es «ser quien realmente eres». El modelo de afirmación es el autorrechazo disfrazado de autoaceptación. Debido a que *nuestros cuerpos somos nosotros mismos*, lo que se está «afirmando», en última instancia, es el odio del paciente a sí.

Algunos de los críticos más feroces de la transición médica que he encontrado son *gays* y lesbianas que están preocupados de que el fenómeno transgénero sea una forma socialmente elogiada de terapia de conversión, un intento de «corregir» el problema de la atracción al mismo sexo alterando el sexo de la persona. Scott Newgent, el activista trans-identificado que mencioné en el capítulo «engaño», inicialmente buscó la transición de género para apaciguar a la devota familia católica de su novia. En un ensayo para *Newsweek*, Newgent escribió: «Me tomó 48 años darme cuenta de que hice la transición porque nunca acepté de todo corazón ser lesbiana»[40]. Mientras algunas personas tienen deseos sexuales más fluidos, ciertamente hay personas para quienes la direccionalidad de la atracción se fija hacia el mismo sexo. Ya sea que elijan identificarse como homosexuales o no, la verdadera autoaceptación debe incluir esa parte de su personalidad. Para tener comunión con Dios, con cualquiera, debemos traer todo nuestro ser.

Algunos cristianos podrían pensar que estoy tomando una línea de argumento que rechaza la enseñanza de la Iglesia sobre la moralidad sexual, al hablar de aceptar la atracción hacia el mismo sexo; eso sería una mala interpretación. Creo que el cristianismo tiene la verdad sobre la sexualidad humana, y he estructurado mi vida en torno a esa verdad. Por ejemplo, en este momento habrá un largo período de abstinencia para evitar tener otro bebé antes de que mis ciclos sean lo suficientemente consistentes como para volver a rastrearlos. Sé que tener otro bebé en este momento amenazaría mi salud mental, y necesito estar estable y presente para mi familia. Estoy ordenando mi vida sexual en relación a la conexión intrínseca entre las relaciones sexuales y la existencia humana. Trato de vivir en armonía con esa conexión, en lugar de negarla. Este no es un camino de repudio o negación, eso no sería sostenible. Mi abstinencia es una expresión de amor: por mi esposo, mis hijos y por mí, así como por amor al orden divino de la creación.

Uno de los elementos más bellos del cristianismo es la aceptación del deseo como *bueno*, a diferencia del budismo,

---

[40] NEWGENT SCOTT, *Necesitamos equilibrio cuando se trata de tratar a los niños con disforia de género*. I Would Know, *Newsweek*, 9 de febrero de 2021, https://www.newsweek.com/we-need-balance-when-it-comes-gender-dysphoric-kids-i-would-know-opinion-1567277

por ejemplo, que ve el deseo como una fuente de sufrimiento. Hay un lado santo en cada anhelo. El reto es aprender a encontrarlo, aprender a canalizar nuestros deseos hacia un bien más alto que la gratificación sexual, aprender a ordenarlos y orientarlos hacia la verdad del cuerpo. La atracción erótica por alguien del mismo sexo no tiene que ser, desde una perspectiva cristiana católica, una fuente de sufrimiento y autonegación. A través del misterio de la gracia, esto puede ser un regalo que nos lleve a vivir la redención, como todas las hermosas contradicciones que, en conjunto, conforman cada personalidad. Parte del trabajo de conversión es aprender a amar quién eres, porque has sido hecho para el amor, *y hecho por* el Amor, un Amor que te soñó y, en este y en cada momento, canta la canción de tu existencia.

Verdaderamente enamorada

En 2014 recuerdo haber hablado con una amiga de la escuela de posgrado que, en ese momento, estaba completando un programa de doctorado en la costa este. Josephine es francesa, *queer*, reflexiva y una de las pocas personas que he conocido cuyos ojos realmente sonríen. Me preocupaba que ella me reprochara por mi entonces reciente conversión católica, pero no parecía molestarla. Ella me trató como siempre, con calidez y generosidad. Recuerdo haber escuchado su descripción de la escena LGBT+ en la ciudad de Nueva York, lo rápido que el fenómeno transgénero estaba aumentando, especialmente entre los jóvenes. «Ya no ves lesbianas *butch*», dijo, «no menores de 40 años». Recuerdo sentirme triste por esto, perturbada de que hubiera un cierto sentido de feminidad que estaba siendo borrado silenciosamente.

Mientras estaba en el proceso de escribir este libro, Josephine me contactó de la nada, y nos reunimos para una charla a través de *Zoom*. La primera parte de nuestra conversación consistió en confesiones mutuas: Josephine, una atea, estaba trabajando en un libro que seguía tirando hacia la idea de la encarnación, que en su entorno académico europeo era un gran paso en falso. «Mencionar el Catolicismo de una manera remotamente positiva simplemente *no se hace*», dijo riendo. Le expliqué mi propio proyecto de libro, que va en contra del paradigma de género.

Esto no fue una gran confesión, al principio. Ella reconoció los peligros para los niños no conformes con el género al ser «arrojados a un marco» que los lleve innecesariamente al camino de la medicación. «Pero algunos niños *son* transgénero», dijo «eso es una realidad». Podía sentir un abismo formándose entre nosotras junto con la tentación inmediata de ignorarlo, de fingir que no estaba allí. Estaba empezando a temer el momento en que Josephine se diera cuenta de que no estábamos paradas en el mismo lado del precipicio. Este momento llegó cuando admití que no estaba convencida de que la transición médica fuera algo bueno. «¿Incluso para adultos?», preguntó. Asentí con la cabeza, y luego salimos de la zona segura. Pude sentir un lento amanecer al darse cuenta de que mis puntos de vista caerían en la categoría de lo que ella consideraba transfóbico.

Esta parte de la conversación comenzó con una discusión sobre *la encarnación* y un reconocimiento compartido de que esta noción expresa la idea de cuerpo y espíritu unidos, como «siempre juntos», para usar las palabras de Josephine. «¿No entra en conflicto una antropología transgénero con esa idea?». Y entonces me lancé. «¿Cómo pueden el cuerpo y el espíritu ser uno, si esa unión debe ser infligida en el cuerpo?». «Infligida», esa fue la palabra que usé, y ella reaccionó fuertemente a ella.

«¿Cómo es que un cambio de sexo es más un castigo en el cuerpo que el castigo de tener que intentar tener relaciones sexuales con un cuerpo que no está bien?», preguntó. «¿No sería eso aún más traumático?». Para algunas personas, argumentó, la transición es el camino hacia la autoaceptación. «El cambio de sexo puede ser un regalo para la propia encarnación», dijo.

Ojalá hubiera tenido la claridad y el valor de responder en ese momento, para decir que la gratificación sexual no es un fin en sí mismo, que la encarnación no es algo que fabricamos sino algo que recibimos. En ese momento, no estaba segura de qué decir. Entonces, nuestra conversación se estancó en un silencio incómodo. Josephine estaba expresando un lado de esta complicada historia que quería ignorar: el hecho de que muchas personas transgénero parecen estar satisfechas con sus transiciones. La evidencia de esto es a menudo anecdótica, sí, debido a la escasez de estudios a largo plazo sobre los resultados de la reasignación quirúrgica. (El único estudio de larga duración que existe, de hecho, muestra un aumento de veinte veces en el suicidio *después de* la transición)[41]. Hay

---

[41] DHEJNE C. et al., *Long-Term Follow-Up of Transsexual Persons Under Sex Reassignment Surgery: Cohort Study in Sweden*, PLOS ONE 6, no. 2 (2011): artículo no. e16885. Este estudio concluye: «Las personas con transexualismo, después de la reasignación de sexo, tienen riesgos considerablemente mayores de mortalidad, comportamiento suicida y morbilidad psiquiátrica que la población general. Nuestros hallazgos sugieren que la reasignación de sexo, aunque alivia la disforia de género, puede no ser suficiente como tratamiento para la transexualidad, y debería inspirar una mejor atención psiquiátrica y somática después de la reasignación de sexo para este grupo de pacientes».

personas transgénero bien adaptadas en el mundo que encuentran algún alivio a través de la transición. Eso es cierto, y Josephine tenía razón al señalarlo.

Después de la pausa, decidí desentrañar la perspectiva de Josephine. «¿Cómo defines "mujer"?» Le pregunté.

¡Mujer!, dijo. «Ah, la mujer es *mágica*». Nos reímos juntas de esto; su efusividad me desarmó, sacándome del caparazón en el que me había metido. Ella continuó: «Hay algo problemático en decidir desde el principio qué es «mujer». Cada categoría es una simplificación de la multiplicidad. Cada persona que es mujer se relaciona con ella de manera diferente».

«Entonces, ¿ves a la «mujer» como una especie de arquetipo, o...?».

Pensó por un momento. «No, no es un arquetipo, la mujer es una forma de *arte*».

Sonreí ante esta idea. «Bien, entonces, ¿en qué se diferencia la forma de arte de "mujer" de la forma de arte de "varón"?».

«¡El varón no es una forma de arte!». Ella se rio de esto, y yo también tuve que reírme, aunque no estaba de acuerdo, pensando de paso *en el David de Miguel Ángel,* en los cuerpos hermosos de mis hijos, mi esposo. El varón es una magnífica forma de arte.

«Pienso en «mujer» como pienso en «lesbiana»», continuó Josephine con un tono más serio. Describió la posición nominalista estándar que sostienen muchas feministas: la idea de que categorías como «mujer» y «lesbiana» son construcciones, pero necesarias para el activismo. «Necesitas la categoría de lucha política», dijo, «teniendo en cuenta que es una ficción».

«Supongo que ahí es donde no estoy de acuerdo», dije. «No creo que «mujer» sea una ficción»; creo que necesitamos una definición de «mujer» que se base en el cuerpo. Si se basa en la potencialidad corporal de la feminidad, ser mujer no tiene que ser sobre ajustarse a los estereotipos sexuales. Hay algo liberador en eso».

Josephine titubeó. «Sí, quiero pensar que la "mujer" está arraigada en el cuerpo de alguna manera», admitió. «¡No estoy del todo satisfecha con mis propias respuestas!».

Entonces me di cuenta que estábamos sintiendo la misma tensión, pero desde diferentes ángulos. Ella no estaba dispuesta a comprometer mis convicciones de que el cuerpo sexuado importa y es parte integral del yo. Pero sentí la atracción de tomar una postura política afirmativa, para hacer evidente otra convicción: que las personas trans-identificadas son amadas y hechas a imagen de Dios. Josephine, por el contrario, no estaba dispuesta a traicionar sus convicciones políticas, a pesar de que sentía una atracción hacia una comprensión encarnada de la mujer. Nos encontramos en un callejón sin salida.

Como cristiana católica, estoy segura de una doble verdad: la dignidad de cada ser humano y la dignidad del cuerpo humano sexuado. Estas verdades están entrelazadas son inseparables. Una antropología transgénero dice, implícita o explícitamente, que solo puedo afirmar lo primero rechazando lo segundo. Solo puedo proclamar la dignidad de una persona trans aceptando que su cuerpo es una mentira. Esto me pone en un doble aprieto, un escenario sin salida. Si digo que el sexo importa, me ponen en un tren de ida hacia la presunta transfobia. Si digo que el sexo no importa, estoy traicionando la verdad de mi propia encarnación y la verdad de la autorrevelación de Dios. Necesito estar tranquila de no ser malinterpretada, porque ambas puntas de la doble verdad necesitan ser habladas: con compasión, sin duda, pero habladas de todos modos.

Los debates sobre género y sexualidad, especialmente en los círculos cristianos, tienden a dividirse en dos campos opuestos, uno izando la bandera del amor, el otro de la verdad. Produciéndose una dolorosa tensión en torno al uso del lenguaje. Para afirmar la dignidad y la personalidad de una persona que se identifica como trans, se espera que uno use pronombres que se alineen con el género elegido, en lugar del sexo dado. «Equivocarse de género» es visto como un acto de violencia, es como borrar la existencia. Entiendo este argumento, una identidad transgénero no está arraigada principalmente en la realidad material, sino en el lenguaje. Es por eso que hay tanto fervor por las palabras, un esfuerzo concertado para usar el lenguaje de una manera que refleje la antropología transgénero. Si uso el pronombre «él» para referirme a un varón que se identifica como una mujer trans, estoy negando su existencia como mujer. Por supuesto, también estoy *afirmando* simultáneamente su existencia como varón y como ser humano.

El uso de pronombres basados en el sexo, en lugar de pronombres basados en el género, es indudablemente perjudicial y probablemente ofensivo para la mayoría de las personas trans-identificadas. Tal movimiento podría cerrar la puerta a una relación con esa persona desde el principio. Sin embargo, si uso pronombres que entran en conflicto con el sexo, estoy aceptando una falsedad. Más que asentir, de hecho, a través de mis propias palabras estoy *participando activamente* en una mentira.

Di la verdad con amor. Esta es una frase que escucho decir, una frase a la que recurro cada vez que me siento arrastrada hacia direcciones opuestas, estas afirmaciones en desacuerdo. Esta frase se convierte con facilidad en un lugar común, simple y trillado, un fragmento bíblico convenientemente utilizado para tallar una línea de partida. Estas palabras provienen de la Carta de Pablo a los Efesios, capítulo cuatro, que no trata de partidismo y división, sino de integridad.

El capítulo comienza con una letanía de unidad: un cuerpo, un Espíritu, una sola esperanza, un Señor, una fe, un bautismo, un solo Dios, que está «sobre todos, por todos y en todos». Este es un pasaje sobre la eclesiología, la naturaleza de la Iglesia y cómo la comunidad cristiana reúne a todo tipo de individuos, cada uno con diferentes dones en un todo. Este todo se llama *cuerpo,* esa es la metáfora que Pablo usa aquí, confiando en la realidad integral del cuerpo para ilustrar su visión de la Iglesia. La integridad personal del cuerpo y del alma no es simplemente un principio fundamental de la antropología cristiana, también fundamenta la eclesiología cristiana. «Viviendo en la verdad y en el amor», escribe Pablo, «crezcamos hasta alcanzar del todo al que es la cabeza, a Cristo, gracias a él el cuerpo entero, recibe unidad y cohesión gracias a los ligamentos que lo vivifican y por la acción propia de cada miembro; así el cuerpo va creciendo y construyéndose en el amor»[42] .La verdad y el Amor son uno, porque brotan de la misma fuente, Cristo el Verbo Encarnado.

La Verdad de Dios es Amor, y el Amor de Dios es Verdad. Si alguna vez nos encontramos en una situación en la que estamos sacrificando uno por el otro, nos hemos desviado del estrecho cauce. En su Primera Carta a los Corintios, Pablo nos da una imagen de cómo suena la pseudo-verdad *sin* amor: una campana resonante, un desorden reiterado. Tal vez la contraimagen, el falso amor *sin la* verdad, sería un tintineo publicitario, una risa

---

[42] *Efesios* 4,15–16.

sin sentido. El amor divorciado de la verdad desciende a simples adulaciones. Amar no es validar una mentira, amar no es participar en el autoengaño de alguien. Para aprender la mejor manera de amar a alguien, debemos estar dispuestos a contar la verdad de la persona humana, que se encuentra no solo en nuestras historias escritas por nosotros, sino en la historia general del todo.

Cuando se trata de varones y mujeres, necesitamos usar *un lenguaje basado en la realidad*. Dentro del paradigma de género, las palabras se esgrimen para imponer un marco que distorsiona la realidad y la bondad del cuerpo, particularmente su dualidad sexuada. Esta distorsión se perpetúa secuestrando el lenguaje. Siento la tentación de consentir, de decir lo afirmativo, lo no ofensivo. También soy consciente de que, al hacerlo, me aseguro como parte de la multitud, los tolerantes, los *illuminati* en el lado derecho de la historia. También quiero expresar que creo que una persona trans tiene un valor infinito y está hecha para la comunión amorosa, como todos los seres humanos. Debido a esto, mis afectos y sentimientos tiran fuertemente en la dirección de la afirmación.

Siempre que sea posible, evito los pronombres cuando hablo o escribo directamente sobre personas que se identifican trans, para evitar poner una distancia innecesaria con alguien a quien estoy llamada a amar, pero no puedo ir más allá de esto. Cada vez que pienso en hacer una concesión lingüística completa, algo me detiene. Me encuentro con un límite duro, una línea que mi conciencia ha marcado no en arena, sino en piedra. Llamar a un varón «ella» es una mentira, una inversión de la realidad que esa palabra nombra, una realidad a la que pertenezco, una que no he elegido, pero que me ha elegido. Me opongo al concepto mismo de pronombres preferidos, porque los pronombres no nombran una preferencia. «Ella» nombra lo que soy, mi primogenitura femenina, con todas sus bendiciones y cargas. Regalar esa palabra sería una especie de traición: a mí, a mi sexo y a esos hilos corporales tejidos por la naturaleza y la gracia que nos unen a Cristo, y también a la tierra, a toda su abundante vida.

Amor en la verdad

Somos amados con un amor infinito que nos otorga una dignidad infinita. El amor ilimitado de Dios ennoblece a toda persona humana. A través del milagro siempre presente de la Encarnación, cada uno de nosotros ha sido llevado a la vida misma de Dios. Estas palabras son una especie de estribillo, estoy jugando con frases que vibran con belleza de la carta *Evangelii gaudium* del papa Francisco. En esta carta, el Papa describe lo que él llama *el arte del acompañamiento*, un arte que comienza enseñándonos «a quitarnos las sandalias ante el suelo sagrado del otro»[43].

Recientemente, un amigo en común me puso en contacto con Adelynn, una persona joven que se identifica como una mujer trans. Addy, practicante del cristianismo, quería hablar conmigo después de escuchar una entrevista de podcast que había hecho sobre teoría de género y teología cristiana. Y yo estaba igual de ansiosa por hablar con Addy. Mientras escribo este libro, he hablado con varias personas trans que tienen una variedad de creencias políticas y religiosas, pero ninguna de ellas tiene una perspectiva cristiana teológicamente tradicional. O no son

---

[43] FRANCISCO, carta encíclica *Evangelii gaudium* (La alegría del Evangelio), 24 de noviembre de 2013, no. 169.

cristianos en absoluto, o han caído en la heterodoxia y tal vez fuera de la fe por completo. Addy es muy especial, una persona joven que abraza tanto el cristianismo ortodoxo como una identidad trans.

Le digo esto a Addy mientras iniciamos nuestra primera conversación a través de Zoom. «He estado tratando de encontrar a alguien, algún pensador, que pueda armonizar una antropología cristiana con una antropología trans, pero...».

«No hay nadie», interrumpe Addy, anticipando mis próximas palabras. «¡Nadie!».

Addy está trabajando en esto, sin embargo, reuniendo tres hilos teológicos en un intento de hacer un caso positivo para la transición desde una perspectiva cristiana. El primer hilo es una lectura de la Caída que sitúa a las personas trans como paradojas vivientes, personas que experimentan una desconexión entre mente y cuerpo que es consecuencia de vivir en un mundo que ha perdido su armonía original. Addy vuelve a este tema repetidamente durante nuestra conversación, señalando hacia la promesa de la resurrección, la restauración de toda la creación: «Dios arreglará lo que necesite arreglar, ya sea mi cabeza o mi cuerpo». En esta lectura de la Caída, esa reconciliación de cuerpo y mente podría no ser alcanzable en esta vida; la unidad psicosomática que debería estar presente en cada persona simplemente no está ahí para algunos, por lo que la pregunta es cómo vivir, sobrevivir, en medio de esa discordancia.

Aquí es donde entra el segundo hilo conductor: ¿Qué promovería la preservación de la integridad? En la experiencia de Addy hasta ahora, esta preservación ha llegado en forma de transición, específicamente, casi seis años de tomar hormonas sexuales cruzadas, después de adoptar una identidad social y legal femenina en la universidad. Este es un ejemplo de lo que podría llamarse un caso clásico de disforia de género, en lugar de la «moda» de disforia de género de inicio rápido que está barriendo a los adolescentes de hoy. Addy experimentó por primera vez una sensación de incongruencia cuando era niña, y ese sentimiento persistió en la edad adulta temprana, cuando se manifestó en síntomas físicos debilitantes, como vómitos diarios y bajo peso severo. Esos síntomas se han disipado; Addy ahora es mucho más funcional y, debido a esto, no se arrepiente de la transición.

Aun así, las tensiones teológicas no resueltas son a veces una fuente de inquietud en Addy, quien a diferencia de mí cuando era más joven, no está haciendo caso omiso de las preguntas difíciles para construir una teología fácil y hecha a medida que solo afirma y nunca confronta. Este es alguien que está lidiando activamente con la verdad, como Jacob en la oscuridad de la noche, luchando con ese misterioso ser divino hasta el amanecer, negándose a dejarlo ir hasta que sea bendecido.

Cuando Addy comenzó la transición, esta negativa tomó la forma de un voto resuelto: «No me estoy separando de la iglesia». Las pocas horas que pasaba en la iglesia el domingo eran dichosas, «un pedazo de cielo», como ser transportado momentáneamente fuera del mundo y todas sus dolorosas paradojas. «No quería irme después de la bendición», me dice Addy, y este consuelo encendió el deseo de estar en la iglesia con más regularidad. «Pero resulta que si quieres ir a la iglesia todos los días, la única opción real es una misa católica». Así que ahí es donde Addy fue: misa católica los días de semana y una vibrante iglesia reformada multiétnica los domingos.

Este ardiente compromiso con la Iglesia no siempre ha sido correspondido. Durante la mayor parte de nuestra conversación, Addy es optimista y sonriente, hablando palabras que revelan un profundo amor por Cristo y su rebaño. Pero también hay destellos de dolor, vislumbres de heridas no cicatrizadas, heridas de abandono y rechazo. En relación con las raíces, Addy es un exiliado, su proceso de transición en la universidad produjo un rechazo público por parte de la comunidad eclesiástica, sin previo aviso ni intento de reconciliación. Ese rechazo pronto fue reflejado por la propia familia de Addy, y la ruptura ha durado seis años hasta ahora. Esto nos lleva al tercer hilo, la presencia recurrente de los marginados en la Escritura y en la historia cristiana: el eunuco, el leproso, la persona que no encaja y es, con frecuencia, exiliada.

Este aspecto de la experiencia de Addy ejemplifica un enfoque que los cristianos pueden tomar en respuesta a aquellos dentro del paradigma de género: este es el camino del ostracismo, la separación, un «nosotros» santo opuesto a un «ellos» expulsado. Pero esto, yo diría, es un enfoque que valora la verdad con exclusión del amor, y por lo tanto es una verdad falsa. Incluso las iglesias que no rechazan o rechazan explícitamente a personas como Addy tienen poco que ofrecer en términos de una visión positiva de cómo vivir las enseñanzas más desafiantes de la vida cristiana. Como dice Addy, la Iglesia, en su mayor parte, «no viene y dice, *así es como te ayudaremos a soportar esto*».

Veo en esta historia otro posible modelo a seguir para los cristianos mientras navegamos por una cultura confusa y polarizada. Después de terminar la universidad, Addy terminó compartiendo habitación con una católica. Después de experimentar tanto rechazo de los cristianos,

Addy no sabía cómo respondería esta compañera. Pero la compañera de habitación hizo algo bastante notable; en lugar de ser cautelosa y suspicaz, era cálida y amigable. En lugar de decirle a Addy qué pensar y creer, preguntó sobre la perspectiva de Addy y cómo se puede reconciliar la teología cristiana con la opción de buscar la transición. Estas preguntas, y el espíritu con el que se hicieron, provocaron conversaciones teológicas ricas y largas entre los compañeros de cuarto. Evitando los extremos fáciles de la condena por un lado y la afirmación aduladora por el otro, la compañera de cuarto de Addy eligió cultivar una relación, hacer preguntas genuinas y, finalmente, extender una invitación a la Adoración Eucarística.

La cara de Addy se ilumina en esta parte de la historia, este encuentro inicial con la adoración: «¡*Me encanta*!». Una vez más me impresiona la belleza del corazón de Addy, un corazón como el de la novia en el Cantar de los Cantares, que llama a su amado, *llévame contigo*[44]. Esto es lo que Cristo está haciendo: pacientemente, amorosamente, está atrayendo a Addy hacia sí mismo.

Los cristianos en la ciudad natal de Addy muestran una de las posibles respuestas a aquellos que se identifican como LGBT+. Pero la compañera de habitación de Addy nos muestra una manera diferente, más cristiana: acompañar en lugar de rechazar; el camino del amor, en lugar del camino del miedo.

El acompañamiento es una forma de caminar más profundo con alguien en el corazón de Cristo. Contrariamente al cliché, la conversión no es «borrar todo» de una sola vez; el Espíritu Santo no es un hada madrina que te prepara para el baile. La conversión es una peregrinación

---

[44] *Cantar de los Cantares* 1, 4.

constante, un largo camino hacia el corazón de Dios. Hay desvíos y curvas en el camino pues ninguno de nosotros camina derecho ni puede arreglárselas solo. El acompañamiento evoca este sentido de conversión a lo largo del tiempo, así como la necesidad de comunidad en el camino. El papa Francisco hace una distinción entre el acompañamiento como una peregrinación con alguien versus una «especie de terapia que apoya su ensimismamiento»[45]. En otras palabras, el verdadero acompañamiento tiene *un telos*, un destino; está ordenado hacia el Amor más elevado. Si bien debe comenzar con la afirmación del valor de un individuo, no puede terminar allí. Debemos caminar hacia la fuente de ese valor, donde reside nuestra paz.

Cuando hice un giro repentino hacia el catolicismo a la edad de treinta años, no estaba de acuerdo con muchas de las enseñanzas de la Iglesia. Yo no era una protestante típica y respetable, repelida por el macabro exceso del catolicismo, sus estatuas llorosas, huesos de santos y sus horripilantes crucifijos. Quería una cruz con un cuerpo colgando de ella, anhelaba abrir mis labios y probar la Sangre de Cristo, me hubiera encantado tocar la cabeza disecada de santa Catalina de Siena con mis manos temblorosas. Pero no entendí ni acepté la resistencia de la Iglesia a la anticoncepción, el sacerdocio de mujeres y el matrimonio entre personas del mismo sexo, y me convertí en católica antes de que se resolvieran esas preguntas. Mi conversión inicial fue como ir ciego por un tobogán retorcido y salir de cabeza y sin aliento, con los ojos abiertos a un mundo giratorio y al revés. No adopté inmediatamente todas las enseñanzas católicas en mi vida personal. Me salté la frase *que por nosotros los hombres* en el Credo. La

---

[45] FRANCISCO, *Evangelii gaudium*, no. 170.

mayoría de las veces caminaba sola, sin familiares católicos o amigos cercanos que me guiaran. Fui «acompañada» solo por un ex alumno seminarista, Esteban, a quien presenté todas mis objeciones, mis preguntas sin resolver. Lo interrogué sobre la anticoncepción, el sacerdocio, la sexualidad. La mayoría de las veces sus respuestas me enojaban, y no las aceptaba ni las descartaba. Las dejé rebotar en mi cabeza como *pinballs*, hasta que, durante un período de meses, cada uno de ellas llegó a casa.

Si Esteban hubiera salido con pistolas disparando, asándome a la parrilla sobre mi vida sexual, acusándome por omitir palabras en el Credo, disuadiendo de asistir a Misa hasta que mis pecados estuvieran todos en fila, podría no haber entrado en la Iglesia en absoluto. O podría haber permanecido como una católica ambivalente, defensiva y desconfiada, manteniéndome alejada de la plena comunión con la verdad. No lo hizo, era abierto y paciente; él me escuchó, tomó en serio mis preocupaciones, y esperó a que me acercara a él con mis preguntas, en lugar de acorralarme y forzar una conversación. Cuando me acerqué a él, fue honesto en sus respuestas. No endulzó ni se equivocó, él habló las verdades difíciles, en un espíritu de no juzgar. Por esto, siempre estaré agradecida.

Incluso cuando hablamos honestamente sobre las maquinaciones del paradigma de género, tenemos que darnos cuenta de que hay personas reales, vidas reales, que se agitan en sus engranajes. Tenemos que dar la bienvenida a estas personas en nuestras parroquias, en nuestras familias, en nuestras comunidades. Es posible juzgar si una ideología es verdadera o falsa, pero no podemos juzgar a las personas, no se nos ha concedido acceso a las cámaras internas del corazón humano. El estatus de cada persona ante Dios es un misterio que no se puede conocer desde fuera. Debemos criticar el marco, en el momento y lugar apropiados, mientras abrazamos a aquellos que están atrapados en ese marco, sin importar cómo se vean o suenen.

Necesitamos aceptar que los varones y las mujeres pueden no verse como esperamos que se vean. Si ves a alguien que podría ser transgénero, no tienes idea si esa persona está en medio de la transición o la destransición. Debido a que algunos aspectos de la transición médica son irreversibles, incluso una mujer que ha abrazado su sexo todavía podría parecer transgénero. Ella siempre podría tener rasgos masculinizados y eso no la hace menos mujer. Las reversiones quirúrgicas, incluso si se desean, pueden no ser siempre posibles o podrían presentar graves riesgos para la salud.

Li, una mujer que sufrió horribles abusos sexuales cuando era niña, hizo la transición médica tarde en la vida. Ahora se arrepiente de la transición, pero ha decidido no someterse a cirugías de reversión. «Mi cuerpo no puede soportarlo. No estoy segura de sobrevivir a todas las cirugías», dice. «Tengo que aceptar mi cuerpo tal como es ahora. En el exterior la gente ve un tipo pequeño. Por dentro soy una niña traumatizada. Pero por primera vez me acepto más, ojalá me hubieran ayudado a aceptarme antes». Para personas como Li, la autoaceptación significa abrazar el cuerpo tal como es actualmente[46].

Por supuesto, la mujer atípica que ves en tu parroquia local podría no ser trans identificada en absoluto. Ella podría ser una mujer que tiene el pelo corto y le gusta usar camisas masculinas. Tanto los tradicionalistas de mente

---

[46] DODSWORTH LAURA (@barereality), *The Detransitioners*, Medium, 18 de agosto de 2020, https://medium.com/@barereality/the-detransitioners-72a4e01a10f9

estrecha como los «generistas» posmodernos caen presa del mismo error: definir la masculinidad y la feminidad mediante caricaturas estereotipadas y vigilar esos estereotipos, evaluando qué tan bien los individuos se conforman, o no se conforman, a un ideal fantaseado. Parte de contrarrestar el paradigma de género debe ser una mayor apertura a la variabilidad *dentro* de las categorías de varón y mujer. Piensen en Santa Juana la guerrera, Santo Domingo el mendigo, la dulzura de San Francisco de Sales, la fortaleza de Santa Catalina de Siena. Un rápido recorrido por los pasillos de la comunión de los santos revela manifestaciones heterogéneas de genio femenino o masculino que desafían un molde singular.

Se me dio un amplio espacio para serpentear en mi viaje hacia la verdad, y el camino sinuoso que tomé se desarrolló en gran medida *dentro* de la comunidad de la Iglesia, en lugar de fuera de una puerta alta y cerrada. La Iglesia no es para santos ya hechos, la Iglesia es para pecadores, escépticos, cristianos a medio hacer, conversiones en proceso, conductores de carretas borrachos que se caen y vuelven a subir. Nuestras parroquias deben ser lugares donde se predica la verdad, sí, y también lugares donde a las personas se les permite abrirse camino a tientas hacia ella, gradualmente haciéndose nuevas.

DON

DAISY CHADRA ERA UNA NIÑA seria, creativa y apresurada, más adaptada a los páramos ingleses azotados por el viento que a los suburbios del medio oeste de Estados Unidos. Pero ninguno de nosotros elige el momento o el lugar en el que llegamos al mundo y entramos en la historia de la humanidad, y Daisy no es una excepción. Si hubiera nacido un siglo antes, podría haberse convertido en otra Charlotte Brontë o George Eliot, mujeres que escribieron sus novelas bajo personajes masculinos, queriendo ser tomadas en serio como escritoras y pensadoras. Cuando era niña, Daisy también era escritora, produciendo historias divididas por personajes que siempre parecían organizarse en torno a héroes masculinos. Trató de conjurar heroínas convincentes, pero nunca tomaron forma, por lo que dejó de intentarlo.

Desde temprana edad, Daisy profesó abiertamente su deseo de ser un niño, y no importa cuántas veces sus padres le aseguraron que podía vivir la feminidad a su manera única, ella seguía sin estar convencida. Cuando Daisy se proyectó hacia el horizonte imaginado del futuro, no vio a una mujer andrógina o una mujer masculina, no vio a una mujer en absoluto. Solo podía imaginarse a sí creciendo en la edad adulta.

«Tenía esta visión de mí que parece bastante misógina cuando pienso en ello», me dijo, «siendo este tipo de persona intelectual y estoica. Tenía esta idea arquetípica de mí que parecía inherentemente masculina».

Daisy tiene un ambiente algo serio, ella habla con deliberación, buscando las mejores palabras para expresar un pensamiento complejo. También hay una calidez y brillo en ella, una energía que se acelera en su voz en el transcurso de nuestra conversación. Si tuviera que elegir una palabra para describirla, no sería *estoica* sino *seria*. Ella habla de sí misma y de su vida desde un lugar de sinceridad fundamentada[1].

Le dije a Daisy cuando hablamos que me recordaba a Simone Weil, la mística de principios del siglo XX que amaba la fe cristiana con tanta intensidad como se mantenía alejada de su cuerpo institucional, una hija devota pero autoexiliada de la Iglesia. Weil era una intelectual embriagadora, sí, y también una mística con el corazón abierto, esperando ser invadido por Dios. Weil fue moldeada por su tiempo y también fuera de sintonía con él.

---

[1] Mi relato de la historia de Daisy se extrae de mi entrevista personal con ella, así como de su entrevista con Benjamin Boyce y un video en su propio canal de YouTube. Usado con permiso. Ver DeTrans Stories: The Authenticity Quest with Daisy Chadra, entrevista de Benjamin A. Boyce, 6 de diciembre de 2020, video de YouTube, 1:10, https://www.youtube.com/watch?v=4EtS0146uQk

El video de Daisy se puede encontrar aquí: "I'm Detransitioning", 26 de octubre de 2020, video de YouTube, 26:55, https://www.youtube.com/watch?v=R_KD46_Ophg

Todo lo que hacía, lo hacía con intensidad. Daisy no alcanzó la mayoría de edad en el tumulto entre guerras mundiales como Weil o en la época victoriana encorsetada como Brontë y Eliot. Nació a principios del nuevo milenio, llegando a la adolescencia junto con el ascenso de Tumblr y YouTube. Su experiencia de sí y su identidad no estaba mediada por el moralismo estricto o la revolución marxista, sino por la nueva ola de la teoría del género pop, un yo de elegir su propia aventura. Este marco, que ha capturado nuestra imaginación cultural, fragmenta la personalidad en categorías mixtas de identidad de género, expresión de género, orientación sexual y sexo biológico (por nombrar algunas). En lugar de pasar de la niñez a la feminidad, tomó un desvío brusco a la edad de diecisiete años, el final de su tercer año en la escuela secundaria, anunciando a familiares y amigos que no era Daisy, sino Ollie, no una mujer, sino un varón.

Esto fue en 2015, cuando las tasas de transición adolescente comenzaron a dispararse. Como la mayoría de los adolescentes, Daisy se había sumergido en el mundo digital, usándolo como un escape terapéutico de la vida real y la turbulencia de la adolescencia. Aquí es donde se encontró por primera vez con personas trans influyentes en las redes sociales, viendo en sus historias algo de sí. «Quería que su narrativa fuera mi narrativa», dijo. «Habían encontrado su verdadero yo, eran felices, eran atractivos, tenían éxito en la vida, y esas eran cosas que realmente quería». Comenzó a preguntarse si la pieza que faltaba para su propio éxito y bienestar podría atribuirse a una causa singular y fundamental: su género. «La idea de que había estado viviendo la vida como el género equivocado», dijo, «y si solo corrijo eso, podría prosperar, la idea fue realmente atractiva para mí».

Daisy comenzó a adoptar el lenguaje y el encuadre de la teoría de género pop, traduciendo su experiencia a través del prisma de sus categorías. A pesar de que era atea, abrazó la lengua vernácula espiritual estándar de la antropología transgénero. «Tengo un alma masculina y un cuerpo femenino», dijo, describiendo cómo pensaba en ese momento. «Se contradicen entre sí, y no puedo cambiar mi alma, así que tengo que cambiar mi cuerpo».

Al principio, Daisy no estaba segura sobre la transición médica. Su disforia nunca había sido agudamente física; ella no detestaba su cuerpo femenino, sino que quería ser percibida como un varón, para poder adoptar sin problemas un papel masculino en la sociedad. Pero salir públicamente como un hombre trans resultó ser el primer paso hacia la medicación. Quería que la tomaran en serio, por lo que se sumergió en el proceso de transición médica. «Entré a toda velocidad», dijo, «manteniendo la promesa de una vaga felicidad en mi futuro».

Tan pronto como cumplió dieciocho años, Daisy fue a una clínica de consentimiento informado para comenzar a cruzar las hormonas sexuales. Pensó que habría algún tipo de evaluación psicológica, pero no había control de acceso; una o dos horas después de presentarse en la clínica por primera vez, le dieron su primera inyección de testosterona. Dos años más tarde, de nuevo sin evaluación psicológica, Daisy se sometió a una doble mastectomía, acababa de cumplir veinte años.

Hasta ahora, Daisy tenía pocas dudas sobre su transición. «Estaba muy entusiasmada cuando comencé con la testosterona», se rio. Cada cambio perceptible (una voz más grave, comienzos de vello facial) la puso un paso más cerca de la autotransformación completa. Su transición tuvo una inclinación teleológica, impulsada hacia una

250

meta final, y cada cambio en el camino fue un anticipo de ese cumplimiento final. Al escuchar a Daisy describir su experiencia, puedo entender lo emocionante que debe haberse sentido, percibir una metamorfosis tangible en tiempo real, ver una nueva forma emerger del material del propio cuerpo, ser escultor y estatua a la vez. Las dudas llegaron cuando terminó el paso final: un cambio de nombre legal. Ella estaba tomando hormonas sexuales cruzadas, que estaban masculinizando su cuerpo, había adoptado una identidad jurídica y social como varón, había completado las únicas cirugías que quería realizar. El proceso en el que se había embarcado ya estaba completo, «estaba esperando ese último suspiro de alivio», dijo.

Y no llegó. En su ausencia, había insatisfacción, las dudas comenzaron a acumularse. La visión del futuro que la había impulsado hacia adelante era ahora su presente, y se encontró, como ella dijo, «mirando a un abismo que debería ser un futuro». Estaba devastada, cargando una sensación enferma y hundida en su torso, atormentada por la idea de que nunca estaría completa. Ahora se enfrentaba a dos opciones que parecían inhabitables: tenía que vivir con su transición o tratar de revertirla.

Inicialmente, eligió la primera opción, manteniendo sus dudas encerradas profundamente sin confiar en nadie. Durante este tiempo, luchó con graves problemas de imagen corporal, muy consciente de que su cuerpo alterado todavía no se parecía al de un varón. Ahora sentía una incongruencia inversa con su sexo. Antes de la transición, había incongruencia entre su percibida «alma masculina» y su cuerpo femenino. Ahora, sentía un cisma entre su cuerpo femenino y toda la personalidad masculina que había creado. A diferencia de la disforia inicial, esta nueva incongruencia fue agudamente física y mucho más debilitante.

La transición a menudo se enmarca como un escenario de vida o muerte. A las personas atormentadas por la disforia se les dice que si no hacen la transición, es probable que se suiciden, y si se arrepienten de su transición, es probable que se suiciden. Esta narrativa puede convertirse en una profecía autocumplida. «Si no hubiera sido por esta narrativa», reconoció Daisy, «habría podido superar la disforia y desarrollarme como mi propia persona, aprender a ser yo misma de una manera más real y significativa». En el infierno de la duda, la pista de esta sombría profecía seguía jugando en su cabeza, y se volvió suicida.

Quiero hacer una pausa aquí y enfatizar algo. Daisy tiene cuidado de enfatizar que su experiencia es particular y no representativa de todas las personas trans identificadas o incluso de todas las personas que destransitan. También quiero hacer hincapié en esto. Estoy describiendo su historia no para crear un «simple cuento», sino para resaltar cómo nuestros marcos rectores dan forma a nuestras experiencias e influyen en las formas en que respondemos a ellas. Esto es algo que el posmodernismo hace bien. El lenguaje que usamos, las narrativas explicativas en las que estamos inmersos, dan forma a cómo interpretamos el mundo y cómo elegimos actuar dentro de él.

El error fatal *del posmodernismo* es que está asumiendo que solo hay *narrativas*, *solo* lentes de interpretación, que ninguna narrativa puede ser más verdadera que otra, porque no hay un fundamento subyacente de significado. Si existe tal fundamento, esto significa que debemos evaluar nuestras historias explicativas de acuerdo con su correspondencia con la verdad. Nuestros lentes pueden iluminarse y también pueden distorsionarse. Nuestras narrativas pueden revelar *eso, lo que es*, y pueden cerrar. Nuestro lenguaje da forma a nuestro sentido de la realidad, sí, y la realidad retrocede.

Hay otro hilo de la historia de Daisy que retomar aquí, otra transformación que se estaba desarrollando simultáneamente: una metamorfosis interior, más que exterior.

En la mitad de su transición, alrededor de los veinte años, Daisy comenzó a pensar en Dios. Este no era un pensamiento nuevo, sino uno latente que llevaba mucho tiempo, un interés de infancia que se había calmado durante un período adolescente de escepticismo ateo. Ahora estaba en la universidad, especializándose en comunicaciones, mientras tomaba cursos de religión y filosofía. Al principio, este pensamiento de Dios era una búsqueda puramente intelectual, ella estaba dispuesta a creer en la existencia de Dios, pero esto no era necesariamente una deidad personal que se preocupa y guía con intención.

Entonces el pensamiento de Dios se convirtió en un pensamiento de Cristo, ella se encontró fascinada con la persona de Cristo. «Hay un sentido de plenitud y totalidad en la narrativa de Cristo», explicó. Daisy comenzó a visitar iglesias, no como creyente sino como buscadora. Ella pasó como Ollie, ocultando cautelosamente su identidad trans, sin saber si sería aceptada o rechazada por los cristianos que la rodeaban.

El creciente interés de Daisy en el cristianismo encajaba con sus crecientes dudas sobre la transición. Ella bordeó la fe, permaneciendo sin comprometerse. Al escuchar a Daisy contar su historia, me encuentro imaginando dos caminos diagonales que comienzan a una gran distancia el uno del otro y luego corren sobre la tierra hasta que convergen en un punto compartido. Esta convergencia de búsquedas, la espiritual y la de identidad, ocurrió en la primavera de 2020, durante la primera ola de cierres por el COVID.

Después de intentar durante varios meses volver a comprometerse con la transición, Daisy había comenzado a abrirse sobre sus dudas, pero solo a extraños digitales que conoció en citas, todavía demasiado asustada para admitir su angustia a alguien. Ahora que había superado el último obstáculo de la transición, tenía que contar con las consecuencias de la testosterona a largo plazo. Ya lo había estado tomando durante tres años, y se dio cuenta que alrededor de los cinco años, sus órganos reproductivos probablemente se atrofiarían hasta el punto de necesitar una histerectomía. La puerta a la maternidad biológica se estaba cerrando. El creciente deseo de Daisy de tener un hijo algún día finalmente superó el terror de la destransición. «En ese momento», me dijo, «las dudas sobre la transición me atormentaban día y noche. Y así dejé de tomar T. Pensé, supongo que esto está sucediendo, estoy haciendo la destransición».

Casi al mismo tiempo, Daisy decidió experimentar con la práctica del cristianismo, en lugar de mirarlo desde una distancia segura. Ella se preguntó: «¿Qué quiero obtener de mi estudio del cristianismo? ¿Cuál es el objetivo aquí?». Desesperada por encontrar algún motivo, comenzó a leer las Escrituras y oró: «Dios, muéstrate a mí». Y lo hizo. «Por primera vez, sabía lo que creía y sabía quién era realmente. Yo era de Dios», dijo. «Pertenezco a Dios».

Puede ser tentador leer esta convergencia de conversión y destransición de una manera simplista y moralizada: la persona trans lee la Biblia, se salva, se siente culpable, deja de ser trans. Eso «ni siquiera está cerca de lo que sucedió», dijo Daisy. «Lo que sentí acerca de ser trans no fue *culpa*, como "estoy pecando, estoy siendo mala, estoy siendo una persona horrible y pecadora". Era como: esto no es adecuado para ti. Esto no es lo que deberías estar haciendo».

El marco cristiano en el que Daisy entró lentamente no era punitivo, legalista, un marco de tablas frías grabadas con condena: *no eres nada, tus deseos no importan, eres innatamente depravado.* En cambio, fue el reconocimiento de un deseo más profundo. «Tal vez hay una parte innata de todos que realmente quiere vivir con Dios», dijo. «Y tal vez encontré esa parte de mí y tengo que nutrir esa parte de mí». Su falta de voluntad para aceptarse a sí, se había convertido en un «bloqueo» entre ella y Dios, y cuando decidió hacer la transición, «se levantó algún tipo de velo, y sentí que podía ir a toda velocidad en mi fe». Esto no fue una negación del yo, sino un redescubrimiento; no un repudio de la identidad, sino una revelación.

Total

Lo que veo que sucede en la convergencia de las metamorfosis de Daisy no tiene que ver con romper las reglas y reprender, sino con entrar en *una forma diferente de mirar.* El primer y más significativo cambio ocurre cuando Daisy comenzó a mirarse como una creación de Dios. Considerarse uno mismo como un ser creado mueve la discusión de la identidad a un nuevo terreno, estableciendo el marco de un orden trascendente, un orden más allá de lo natural que sostiene su existencia y salvaguarda su significado. Ser una criatura, más que un accidente, establece a la persona humana como un *ser en relación con lo divino.* No estamos solos en el cosmos; siempre, lo reconozcamos o no, seamos conscientes o no: vivimos, nos movemos y tenemos nuestro ser en Dios.

Cuando vemos al mundo como un cosmos creado del que formamos parte, esto transfigura todo: encarnación, sexo, sufrimiento, libertad, deseo, esto se reúne en un misterio que lo abarca todo, una interacción continua entre lo humano y lo divino. Esto impregna *todo lo que es* con un significado renovado. A la luz de su creación, la comprensión de Daisy de su sexo cambió de algo asignado arbitrariamente a «algo que tenía un propósito». Ya no se veía como su propia creadora, responsable del trabajo de autofabricación. Una vez la persona humana se entiende como *creada,* la individualidad, incluido el sexo, se convierte en un don que puede ser aceptado, en lugar de algo que debe ser construido. Esto inicia una orientación diferente a toda la realidad, incluso al propio cuerpo: un cambio del *control* a la *receptividad.*

Estamos cerrando el círculo ahora, de vuelta al principio, a nuestra discusión anterior del Génesis y la conexión intrínseca entre identidad y propósito. El cristianismo, de hecho, todo el pensamiento antiguo, es completamente *teológico.* El «qué» de una cosa, su identidad esencial, está conectada a su propósito. En términos Aristotélicos, esto se conoce como la cuarta o última causa, el fin último hacia el cual se dirige algo. La causa final es fácil de discernir con objetos simples. El *telos* de una silla es sostener a una persona en una posición sentada, una silla está diseñada para cumplir este propósito singular. ¿Qué pasa con los seres humanos? ¿Para qué estamos diseñados?

La respuesta en el Enuma Elish babilónico es la servidumbre, ser esclavos de los dioses. El *telos* de la humanidad en este mito refleja su representación de la divinidad: Marduk es un guerrero violento, un conquistador; su poder creativo es secundario a su poder destructivo. Él es un dios que domina y crea seres que están hechos para ser dominados.

El Génesis también presenta una correspondencia entre la naturaleza humana y divina. Este reflejo se hace

256

explícito en el *lenguaje imago Dei* del capítulo uno. Pero el Dios del Génesis no es violento. Su trabajo creativo, incluso cuando separa una cosa de otra, es una *unión* en lugar de una *división*. Él es un Dios que ama y crea seres que están hechos para amar y ser amados. Este es nuestro *telos*, nuestro fin último: la comunión con Dios y con los demás.

La narración del Génesis sigue una trayectoria entrópica desde la armonía hasta la fragmentación: la totalidad original del Edén se desintegra capa por capa, en medio del conflicto y la división. Eso es el pecado en última instancia: una corrupción de la totalidad, un desmoronamiento de todo. La nuestra es una historia de origen que termina en el exilio, Adán y Eva expulsados del Edén y abandonados para vagar por la tierra.

¿Podría ser esta una visión de libertad, tal vez? ¿El hombre, ya no está acorralado en el jardín de Dios y agobiado por Sus reglas, es liberado para encontrar su propio significado, buscar su propio destino? Eso es en lo que se ha convertido la libertad para nosotros en este momento histórico. Despojada de la teología, la libertad se ha reducido a la permisividad, empujando más allá de los límites, transgrediendo los límites. Pero en El Génesis, el exilio del Edén no es triunfante; es fúnebre, sobrecargado por el manto de la muerte.

En nuestro tiempo nos enfrentamos a dos interpretaciones divergentes de la libertad: por un lado, la libertad acorde con la posmodernidad, un proceso abierto de autodefinición cuyo único límite es la muerte; por otro, la libertad como un sentido cada vez más profundo de pertenencia y plenitud, no solo dentro de uno mismo, sino en relación con todo lo que es.

Cuando considero estas dos formas diferentes de entender la libertad, me vienen a la mente dos imágenes.

El primero es un cuerpo que rueda sin cesar a través del espacio: un movimiento sin límites. El segundo proviene de Santa Hildegarda de Bingen, una mística medieval. En una de sus ardientes visiones, ella ve toda la creación como una rueda cósmica, una serie de círculos concéntricos, perfectamente entrelazados. La capa más externa es el fuego divino que significa el poder de Dios que sostiene todas las cosas. Cada capa subsiguiente es una mezcla de elementos físicos (fuego, agua, aire) y fuerzas espirituales, lo invisible trabajando a través del reino de lo visible. En el centro de la rueda, en postura cruciforme, se encuentra un ser humano, con los brazos extendidos, como si esperara para recibir, para dar la bienvenida. Rayos de luz atraviesan la rueda, originándose en la capa de fuego divino, entrecruzándose para formar una red dorada. Estos rayos son de poder, canales de vida divina y fuerza que forman una tensión armonizadora, manteniendo la rueda en perfecto equilibrio. Así, escribe Hildegarda, «una parte de la creación está restringida por otra parte de la creación, y del mismo modo cada una es sostenida por la otra»[2].

Según la voz divina que interpreta sus visiones, «la divinidad es como una rueda, entera y completamente indivisa», un círculo que «rodea y contiene todo lo que hay dentro de ella»[3]. La imagen del ser humano dentro del centro de la rueda «significa que la humanidad existe dentro de la estructura del universo»[4]. Si la rueda es un símbolo de la unidad integral de toda la creación, la unidad cuerpo-alma del ser humano es

---

[2] DE BINGEN HILDEGARDA, *The Book of Divine Works*, trad. Nathaniel M. Campbell. Catholic University of America Press, Washington, D.C. 2018, p.84.

[3] HILDEGARDA, *Obras Divinas*, p. 54.

[4] HILDEGARDA, *Obras Divinas*, p. 62.

un microcosmos, un icono en miniatura, del cosmos como un todo. «El ser humano», escribe Hildegarda, «contiene la semejanza del cielo y la tierra dentro de él»[5].

La sabiduría contemporánea de la Iglesia afirma la sabiduría medieval de Hildegarda. El ser humano debe ser entendido en relación con el cosmos. El Papa Francisco expone esta idea fundamental en su encíclica *Laudato si'*, que llama la atención sobre la necesidad de cuidar el medio ambiente. Cuando escuchamos las palabras «naturaleza» y «medio ambiente», pensamos reflexivamente en la vida no humana, las plantas y los animales, así como en la materia no viva, como las montañas y los ríos. Francisco atrae a la persona a la esfera ecológica, no como observador o controlador, sino como organismo.

Este enfoque holístico reconoce y proclama la interdependencia de toda la vida. No podemos darnos el lujo de considerar el florecimiento humano aparte del medio ambiente, como algunos tecnócratas son propensos a hacer. Tampoco podemos cometer el error de aquellos ecologistas que ven a la humanidad como una plaga en la tierra. Ambas perspectivas polarizadas ubican a los seres humanos como algo separado de la naturaleza. Evitando ambos extremos, debemos perseguir *una ecología integral*, dice Francisco: una ecología que tenga una visión del todo, percibiendo la necesaria integración de sus múltiples partes. Lo espiritual, biológico, político, moral, tecnológico, todas estas dimensiones de la existencia deben considerarse juntas.

Uno puede rastrear este hilo holístico a través de todos los papas recientes. En 2011, Benedicto XVI prefiguró

---

[5] DE BINGEN HILDEGARDA, *Selected Writings* Penguin Books, Londres 2005, p. 209.

a Francisco enfatizando la importancia de la ecología, el imperativo de «escuchar el lenguaje de la naturaleza» y «responder en consecuencia». Esto incluye, dice, una atención a la «ecología del hombre», a nuestra propia naturaleza, que debe ser respetada en lugar de manipulada. La integridad personal requiere escuchar la propia naturaleza y aceptarse uno mismo, reconociendo que no somos autocreados. «De esta manera, y de ninguna otra», escribe Benedicto XVI, «se cumple la verdadera libertad humana»[6]. Esta declaración expresa concisamente la conexión entre identidad, teología y libertad. Al reconocer a Dios como Creador es que encontramos nuestra identidad, este reconocimiento revela nuestro propósito y el cumplimiento de nuestro propósito nos hace libres.

La carta de Juan Pablo II *Orientale lumen* conecta esta discusión directamente con la liturgia, que une la realidad corporal y cósmica en un grito compartido de acción de gracias. A través del culto sacramental, «todo el universo está llamado a la recapitulación en Cristo». En la Eucaristía, salimos del dualismo fragmentado, y «el cuerpo se convierte en un lugar luminoso por la gracia y, por lo tanto, completamente humano». La liturgia de la Iglesia revela «el potencial eucarístico del mundo creado», abriendo la posibilidad de restaurar la armonía exterior con el cosmos, así como la armonía interior dentro de uno[7].

Comparto todos estos pasajes para demostrar que la Iglesia siempre ha proclamado esta verdad múltiple, desde las Escrituras hasta Hildegarda y todos los papas en el transcurso de mi vida. Ser cristiano es considerarse a sí mismo

---

[6] Benedicto XVI, *Discurso apostólico*, Berlín 22 de septiembre de 2011.

[7] Juan Pablo II, *carta apostólica Orientale lumen. La luz de Oriente*, 2 de mayo de 1995, no. 11.

en relación con el cosmos y al cosmos en relación con Dios. Además, la forma en que elegimos relacionarnos con estos: el yo, la creación, Dios; influye sutilmente en cómo nos relacionamos con todos los demás. No puedo honrar verdaderamente la creación si no honro mi propio cuerpo, que es en sí mismo parte de la creación. Francisco enfatiza esta conexión en un pasaje de *Laudato si'* que vale la pena citar en su totalidad:

> En esta línea, cabe reconocer que nuestro propio cuerpo nos sitúa en una relación directa con el ambiente y con los demás seres vivientes. La aceptación del propio cuerpo como don de Dios es necesaria para acoger y aceptar el mundo entero como regalo del Padre y casa común, mientras una lógica de dominio sobre el propio cuerpo se transforma en una lógica a veces sutil de dominio sobre la creación. Aprender a recibir el propio cuerpo, a cuidarlo y a respetar sus significados, es esencial para una verdadera ecología humana. También la valoración del propio cuerpo en su femineidad o masculinidad es necesaria para reconocerse a sí mismo en el encuentro con el diferente. De este modo es posible aceptar gozosamente el don específico del otro o de la otra, obra del Dios creador, y enriquecerse recíprocamente. Por lo tanto, no es sana una actitud que pretenda «cancelar la diferencia sexual porque ya no sabe confrontarse con la misma»[8].

Esa frase final da un golpe al paradigma de género, haciendo referencia a una catequesis de 2015 en la que Francisco critica explícitamente la teoría de género. Él ve correctamente que un concepto incorpóreo de género es algo que en última instancia borra la diferencia sexual. Nuestra

---

[8] FRANCISCO, *carta encíclica Laudato si'*. 24 de mayo de 2015, no. 155.

capacidad de abrazar la belleza del mundo está conectada a nuestra capacidad de abrazar lo dado en nuestros propios cuerpos.

El cuerpo es un don, ese es el punto de vista cristiano. La encarnación nos ata a toda otra vida, a toda otra materia. Piense en lo que ocurre al respirar: atraer la exhalación de otros organismos a sus pulmones, tomar prestado un poco de su vida para sostener la tuya. Piensa los detalles al comer: dar la bienvenida a la materia de plantas y animales, absorberla en tu carne, extraer fuerza y energía del fruto de la tierra. Piensa en cuando caminas, confías cada momento que el suelo te sostendrá, una confianza tan implícita que permanece impensada. No *es el cuerpo idealizado el que es un don*: el cuerpo adornado con músculo ornamental, el cuerpo con extremidades largas y piel lisa, el cuerpo aerógrafo suspendido en el ámbar de la salud perpetua y la belleza convencional. Encontramos los dones del cuerpo dentro de su finitud, sus límites y defectos, porque estos límites nos revelan nuestra interdependencia y nos despiertan a nuestra vocación última: dar y recibir amor.

Nuestros cuerpos no son objetos estéticos, son modos de pertenecer. Nuestros cuerpos son recordatorios continuos para nosotros de que no somos autónomos, que la fantasía de la autocreación no es más que una utopía, un síntoma de una enfermedad profunda. «En la práctica, no existe la autonomía», escribe Wendell Berry, «solo hay una distinción entre la dependencia responsable e irresponsable»[9].

Berry no es católico, pero lo olvido cuando lo leo. Es difícil categorizarlo sin apilar los guiones: un granjero-filósofo-poeta-tábano. Esto se debe a que su pensamiento se

---

[9] BERRY WENDELL, *The Art of the Commonplace*, Counterpoint Press Berkeley, CA 2003, p. 107.

extiende para considerar el todo, negándose a ser aislado en un nicho académico u otro, en especializaciones fragmentadas y miopes. Según Berry, la profunda enfermedad de nuestra cultura *es la* inclinación hacia la fragmentación. Interrumpimos la unidad de la creación al separar el espíritu del cuerpo, la cultura de la naturaleza, la sexualidad de la fertilidad. «No es posible devaluar el cuerpo y valorar el alma», escribe, y quiero adaptar esa afirmación, cambiando «alma» por «yo»[10]. *No es posible abrazarse rechazando el propio cuerpo.*

Además, Berry describe cómo el «desprecio por el cuerpo» conduce al «desprecio por otros cuerpos: los cuerpos de esclavos, trabajadores, mujeres, animales, plantas, la tierra misma»[11]. No puedo evitar agregar a su lista: los cuerpos de los enfermos, los no nacidos, los ancianos, los discapacitados, los desolados, los niños. Este libro se ha ocupado en gran medida de la eliminación de la encarnación sexuada y el triunfo del género desencarnado, pero ese es solo un síntoma de una enfermedad más amplia: despojar al cuerpo humano de dignidad y valor intrínsecos, olvidando que el cuerpo es un *don*.

SÍMBOLO

La cura para esta enfermedad no puede ser su causa. El bálsamo para la desintegración no se puede encontrar en una mayor entropía o desorden. Muchas de las historias dentro del paradigma de género expresan un deseo de sentirse como en casa consigo y en casa en el mundo. Eso es

---

[10] BERRY, *Art of the Commonplace*, p. 101.
[11] BERRY, *Art of the Commonplace*, p. 101.

lo que escucho detrás de estas historias: el clamor del genuino anhelo humano. Este deseo de plenitud necesita ser nombrado y reconocido como *bueno*. Aquí está la trágica ironía: las personas atrapadas en el paradigma de género están persiguiendo la totalidad dentro de un marco de fragmentación.

Vamos a volver un poco sobre nuestros pasos. En el lento giro de la era medieval a la moderna, la rueda cósmica imaginada por Hildegarda se desmantela, pieza por pieza. El cosmos sacramental se convierte en un universo mecanicista, la Luz Viviente que habla a Hildegarda a través de imágenes deslumbrantes se convierte en un distante reloj de cuerda. La materia ya no canta las cosas de Dios, sino que simplemente hace eco del sonido hueco de las voces humanas. La cúpula de los cielos se aplana en un cielo blanco y en blanco.

La modernidad desgarra el macrocosmos, y se incuba el yo solitario, un yo cerrado y nada poroso a la trascendencia, sino amortiguado e insular, convencido de su autosuficiencia. Bajo esta nueva bandera de autonomía, la encarnación femenina se convierte en una amenaza, los cuerpos de las mujeres son demasiado porosos, demasiado abiertos al otro. El embarazo y la maternidad desmienten el ideal moderno del yo autónomo. Por lo tanto, la fertilidad femenina es patologizada y suprimida, tratada como una enfermedad. La sexualidad y la fertilidad se desconectan, y el potencial vivificante del sexo se aleja de la conciencia. El sexo biológico ya no se entiende en términos de potencial procreativo, y sin un sentido de esta función unificadora, el sexo es visto como un grupo dispar de características que no tienen cohesión intrínseca. A estas alturas estamos entrando en la posmodernidad, el desmantelamiento del microcosmos, el ser humano mismo, ha comenzado.

El yo posmoderno es más vulnerable a las fuerzas externas: no a la trascendencia, sino al poder. En el mito del origen de la posmodernidad, el dios creador es la sociedad. La posmodernidad invierte la visión hilomórfica (materia y forma) de la persona humana, no somos cuerpos animados por almas interiores, sino cuerpos moldeados por fuerzas externas. *El género* surge como una forma de nombrar la producción cultural de «varón» y «mujer». Inicialmente, el género todavía está vinculado al cuerpo, como una especie de alta costura cultural, la pompa por la cual una sociedad particular articula la diferencia sexual. En unas pocas décadas, el terreno cambia, la diferencia sexual es vista como un disfraz, una actuación que da la ilusión de una esencia. El género ahora está separado del sexo (mujer de femenino, varón de masculino) y se basa en estereotipos culturales. Desamarradas del sexo corporal, las categorías de género se replican sin cesar; cada «estilo» de género que se aparta de una norma estricta debe ser codificado y nombrado, para tener su lugar en el menú desplegable. La persona viva en el centro de la rueda cósmica, el ser humano cuya unidad cuerpo-alma refleja la armonía del todo, ha sido desplazada por un modelo fragmentario de identidad. El yo ya no es un microcosmos, sino un ídolo destrozado.

En este momento posmoderno, las discusiones sobre género tienden a girar en torno a la apariencia y los roles. Ser mujer es cumplir un papel social particular, o imitar el comportamiento y la vestimenta femenina típica. El feminismo y su descendiente, la teoría de género, centra la conversación en el *hacer* en lugar de *ser*. Incluso en sus iteraciones anteriores, vagamente religiosas, el feminismo tenía una metafísica débil, la atención se centró en garantizar los derechos legales de las mujeres y luego, más tarde, en interrumpir los roles sexuales rígidos. La teoría de género se desarrolló en un contexto filosófico que niega explícitamente la metafísica, poniendo el énfasis en «hacer el género» (y deshacer el género, y rehacer el género). En este paradigma, incluso plantear la cuestión del *ser* es un pecado mortal. Debido a esta aversión, ni el feminismo ni la teoría de género defienden con éxito la noción del valor intrínseco y la identidad de una mujer, independientemente de la acción o el rol. Solo el paradigma cristiano-católico proporciona esto. Para esto, uno debe arriesgarse a contemplar la visión sacramental y comenzar a pensar sobre el sexo de manera completamente diferente: en términos no de rol o actuación, sino de *símbolo*.

Heredamos la palabra *símbolo* de los griegos, y en su sentido literal, *symbolon* significa acoplar o unir. Su antónimo es *diabolon*, que significa separar. Considere estas raíces en el contexto de la cosmología del Génesis. La acción de Dios en el mundo es fundamentalmente una acción de crear orden a partir del vacío caótico. Cuando hace distinciones, separando una forma de otra, lo hace con el propósito de crear equilibrio a partir de la diferencia. Incluso la creación de la mujer sigue este patrón. Toma parte del cuerpo del varón y crea una nueva forma de vida, una mujer que es a la vez como él y diferente. Hay una separación necesaria entre ellos, pero tan pronto como Dios crea a la mujer, reúne al varón y a la mujer. Su diferencia hace posible una comunión de amor entre ellos; el cosmos se caracteriza, sobre todo, por la armonía.

Ahora considera a la serpiente. Sus palabras y acciones interrumpen esta armonía original. El mal, en esta cosmología, se presenta como una fuerza que *divide*. Lo que fue creado para estar en equilibrio ahora está en conflicto. Alma y cuerpo, varón y mujer, seres humanos y el planeta, lo humano y lo divino, cada capa de la totalidad cósmica está ahora desgarrada por la división. Eso es lo que *hace el diablo*. Lo *diabólico* es en última instancia una fuerza de fragmentación, de discordia que divide e interrumpe el significado. Lo *simbólico* es una fuerza que une, creando equilibrio para revelar significado. El Génesis y la teoría de género son dos marcos ilimitados, dos formas distintas de entender la personalidad humana. Uno que une, el otro que divide.

El paradigma de género es diabólico, en el sentido literal. Sé que esta es una declaración provocativa, pero también creo que es verdad. Es un marco que engaña a la gente, susurra la fascinante mentira de que podemos ser nuestros propios dioses, nuestros propios creadores, que el cuerpo no tiene significado intrínseco o dignidad, que podemos escapar de nuestra facticidad y encontrar refugio en un yo hecho a medida. En este marco, el sexo, una realidad que abarca a toda la persona, se fragmenta en rasgos dispares. La mujer está separada de la feminidad, una categoría incorpórea de la que cualquiera puede apropiarse. Este paradigma toma el deseo humano de conversión, renacimiento, resurrección y tuerce ese deseo hacia una falsificación barata. La agonía interior y el vacío se proyectan sobre un cuerpo sano, que luego se convierte en un chivo expiatorio fácil, un «problema» concreto que puede ser «resuelto». El problema no es el cuerpo, el problema es la experiencia muy real y dolorosa de la desintegración, un problema que puede tener cualquier variedad de causas, dependiendo de las circunstancias de cada persona. Este problema de desintegración no puede ser resuelto por una filosofía que es en última instancia nihilista, que niega la posibilidad de significado más allá del yo, y de esta manera niega la posibilidad de la totalidad.

El paradigma del Génesis es simbólico, en el sentido más amplio. El término *símbolo* nos da dos capas de significado con las que trabajar: primero, el sentido de dibujar juntos; segundo, el sentido de representación. Un símbolo reúne cosas aparentemente dispares para revelar la verdad, para revelar un significado de múltiples capas que incluye lo concreto y, al mismo tiempo, va más allá de él. En la visión sacramental católica, lo temporal revela lo eterno, el mundo visible revela lo invisible. Más allá de las funciones empíricas o concretas, la materia del mundo tiene un propósito simbólico. Nuestra realidad sensible nos hace perceptibles las cosas de Dios.

El cuerpo humano como parte del mundo material, de hecho, su aspecto más noble, es que es el único capaz de reconocer las revelaciones divinas, sirve como símbolo sagrado, particularmente en sus dos formas de encarnación (varón y mujer). No hay un ser humano no sexuado y la continuación de nuestra existencia depende de la masculinidad y la feminidad. Contrariamente a las propuestas de la teoría de género, que hablan del sexo como algo que se impone arbitrariamente, la visión Católica sostiene que hay una *entrega* a nuestros cuerpos; están inscritos con un significado sagrado que no está determinado o construido por nuestro capricho. Los cuerpos hablan el lenguaje del símbolo, con o sin nuestro permiso.

¿Cuál es, entonces, este significado simbólico? ¿Cuál verdad divina proclamamos a través de nuestros cuerpos sexuados? La Sagrada Escritura y la tradición nos dan una metáfora central para comprender la relación entre Dios y el hombre: esta es la metáfora de la unión conyugal. Esta es una metáfora intensamente corporal, que evoca la imagen del varón y la mujer convirtiéndose en una sola carne. Tal unión es posible gracias a la diferencia sexual complementaria. Para hablar en términos crudamente biológicos: en la unión sexual, la pareja une sus sistemas reproductivos incompletos para convertirse en una unidad reproductiva completa. Tanto el varón como la mujer aportan a esta unión el potencial intrínseco para crear una nueva persona, tienen dentro de sí las semillas de la vida. Pero los modos de sus potencialidades no son idénticos. El varón tiene la capacidad de transmitir la vida fuera de sí, mientras que la mujer tiene el potencial de gestar una nueva vida en su interior.

Si tomamos estas realidades biológicas como un espejo para Dios y la humanidad, el sexo masculino es análogo a Dios porque Dios dona la vida de sí, pero se aparta de ella; Él trasciende. El sexo femenino es representativo de la humanidad porque su poder reside en la *receptividad*; el ser humano ha sido creado para recibir el amor de Dios, ser transformado interiormente y dejar que ese amor dé fruto.

La receptividad a Dios, encarnada en la forma de la mujer, es el propósito último de la humanidad. Este es el *telos* de nuestra existencia: decir sí a la gracia divina, ser embebidos por el amor divino y acoger la metamorfosis interior que trae. La mujer, entonces, es el ser humano representativo ante Dios, ella lleva la imagen de esta receptividad a la que todos somos llamados, varones y mujeres por igual.

No estamos acostumbrados a pensar en el sexo en términos simbólicos, por lo que es fácil malinterpretar el argumento. No estoy sugiriendo aquí que todas las mujeres deben ser madres en el sentido literal o que las mujeres son más espirituales que los varones o que los varones están más cerca de Dios. Estas objeciones olvidan que estamos tratando con *una metáfora de la relación*, no de Dios o de la humanidad aislada. Cada sexo está contando la misma historia de comunión divina-humana a través del lenguaje del cuerpo, aunque desde dos ángulos distintos. Para decirlo de otra manera y parafraseando las palabras del papa Francisco, la belleza del diseño creativo de Dios inscribe la imagen de Dios no en el varón y la mujer aislados el uno del otro, sino en su alianza[12].

Los varones no tienen una capacidad, habilidad o logro común que no tengan las mujeres y viceversa; sus cuerpos simplemente apuntan hacia diferentes realidades espirituales. De la misma manera que el agua simboliza naturalmente lo que limpia y apaga, la forma masculina evoca la imagen del esposo y el padre, y la forma femenina lo hace de la madre y la esposa. Esta taxonomía simbólica llena de significado divino a cada cuerpo, especialmente aquellos que nuestra cultura considera más inútiles, como los enfermos, los ancianos, los moribundos, los no nacidos: «Es la mujer solitaria en su lecho de enferma que no puede sino llevar al Cristo que crece en su alma»[13].

La visión sacramental y analógica del catolicismo cambia el valor de la identidad sexuada de un acto externo a la dignidad interior: del *hacer* al *ser*. Esto abre las posibilidades del sexo vivido, liberándonos de los estereotipos restrictivos y el rendimiento obligado[14]. El sexo corporal no se hace intencional a través de tareas obligatorias, roles temporales restrictivos o estética de moda. El significado supremo del cuerpo sexuado es ser un icono vivo y visible, uno que apunta continuamente hacia el mundo más allá del velo.

---

[12] FRANCISCO, *Audiencia general* 15 de abril de 2015.

[13] VON LE FORT GERTRUD, *La mujer eterna*. Ignatius Press, San Francisco 2010, p.104.

[14] Adquirí la frase «sexo vivido» de FRANKS, ANGELA como un término alternativo para el género que lo mantiene conectado con el cuerpo.

270

Hay muchas cosas en la vida que no podemos controlar, cuándo nacemos y dónde; la familia, el país y la historia que heredamos como seres propios de una época y lugar. Entramos en la historia del mundo *in medias res*. No elegimos nuestro sexo o el camino de desarrollo que toma. No elegimos nuestra amalgama única de cualidades y rasgos, esos hilos que forman el tapiz de la personalidad. No podemos elegir cuándo la enfermedad y el trauma atacarán; solo podemos saber que lo harán.

Sin embargo, hay una cosa que podemos elegir libremente: *libre* solo porque los suaves dedos de Dios han desatado lo que nos ata y nos ciega. Podemos elegir recibir todas estas cosas como *un don*. Podemos elegir decir sí a un Amor que es más fuerte que la muerte. Podemos entrar, incluso ahora, en el momento eterno de la Anunciación, cuando el *sí* de una mujer se convierte en el punto de apoyo de la redención.

Ella es el verdadero microcosmos, el pináculo del ser creado, el símbolo viviente del poder como entrega. Su *sí* es el poder de la criatura, un poder que abre la rama cortada al vigor de Dios, que no está muerto sino vivo. Su *sí* es la puerta al Edén, la puerta a la plenitud, donde el varón se reconcilia con la mujer y ambos se reconcilian con Dios. En este *sí* está nuestro propósito, en este *sí* está la verdadera libertad. A través de este *sí*, nuestra mirada puede ser restaurada; podemos contemplar y entrar en el ámbito del todo, la red de fuego que nos mantiene en el ser y nos ata a toda otra vida. A través de este *sí*, nos convertimos en quienes somos.

Oh Señor, abre mis labios.

AGRADECIMIENTOS

Este ha sido un libro difícil de dar a luz, y tengo muchas parteras expertas a las que agradecer.

Primero, mis amigas: Hayley McCullough, Cassie Meadows, Jessica Rolfe, Merissa Zielinksi, y Erika Barber. Sus oraciones y aliento me animaron a través de muchos momentos de miedo y duda.

Especialmente a mi amiga Lindsay Tsohantaridis, que leyó el primer borrador, y cuya amistad es uno de mis grandes consuelos.

A todos los que han compartido sus historias, hablando honestamente sobre la disforia de género y la transición, especialmente Daisy Chadra, Laura Reynolds y Adelynn Campbell, quienes me confiaron sus historias, algo sagrado. Y a una mujer en particular, que prefiere el anonimato, que me mostró la mejor manera de apoyar la dignidad de las personas intersexuales como ella.

A aquellos que me ayudaron a pensar en mis propios pensamientos, diciendo sí a un extraño que pedía un chat de Zoom: Angela Franks, Erika Bachiochi, Stephen Adubato, Isaiah Jones y Benjamin Boyce.

A Artur Rosman, editor de *Church Life Journal*, quien gentilmente me dio permiso de tomar algunas palabras de mis ensayos de *Church Life* y tejerlas en este libro.

A Corynne Staresinic, fundadora de *The Catholic Woman*, quien me ayudó a vislumbrar cómo podría ser el feminismo católico.

A Mark Brumley, por arriesgarse conmigo, y a Suzanne Lewis, Thomas Jacobi y Abigail Tardiff, todos buenos pastores durante todo el proceso de edición.

A Michael y a nuestros hijos, quienes, más que nada, me revelan diariamente lo profundo del amor divino y la belleza sacramental del cuerpo.

ESTE LIBRO, PUBLICADO POR
EDICIONES RIALP, S. A.,
MANUEL URIBE 13-15, 28033 MADRID,
SE TERMINÓ DE IMPRIMIR EN
ANZOS, S. L., FUENLABRADA (MADRID),
EL DÍA 13 DE FEBRERO DE 2024.